UNA MENTE LIBRE

EDITORIAL CÁNTICO
COLECCIÓN · LUZ DE ORIENTE
COLECCIÓN DIRIGIDA POR RAÚL ALONSO

cantico.es · @canticoed

Suscríbete a nuestro blog en
Medium @canticoed

Editorial Cántico
Parque Logístico de Córdoba
Carretera de Palma del Río, km. 4
14005 Córdoba

Publicado en acuerdo con Shambhala Publications Inc.
representada por A.C.E.R. Agencia Literaria

ISBN: 978-84-10288-34-8
Depósito legal: CO 1651-2024

Impresión y encuadernación:
Gráficas La Paz

DZA KILUNG RINPOCHE

UNA MENTE LIBRE

CÓMO ENCONTRAR CLARIDAD EN UN MUNDO DIGITALMENTE DISTRAÍDO

TRADUCCIÓN DE
ANDRÉS GRAJALES RAMÍREZ

EDITORIAL CÁNTICO

COLECCIÓN O LUZ DE ORIENTE

SOBRE EL AUTOR

H. E. Dza Kilung Rinpoche, Jigme Tendzin Chodrak, dirige el monasterio de Kilung, en la región de Dzachuka, en Kham (Tíbet). Desde 1999 divide su tiempo entre el Tíbet y su residencia en la isla de Whidbey, Washington, desde donde imparte enseñanzas por todo Estados Unidos y el mundo. También dirige la Fundación Kilung, que apoya proyectos educativos, culturales y humanitarios en el Tíbet. Rinpoche es autor de *The Relaxed Mind* (Shambhala, 2015).

PREFACIO DEL EDITOR EN LA VERSIÓN ORIGINAL

POR BRIAN HODEL

Aunque Kilung Rinpoche, el autor de este libro, es un lama y maestro budista tibetano, *Una mente libre* no es un libro sobre budismo. Está escrito para cualquiera de nosotros que busque paz, armonía y, sobre todo, claridad en el acelerado mundo digital actual. Rinpoche participa plenamente en ese mundo y, por experiencia propia, ha descubierto que ciertas ideas y prácticas del budismo pueden resolver eficazmente muchos de los problemas de distracción de la vida moderna. Estas antiguas prácticas budistas se diseñaron originalmente para ayudarnos a los seres humanos a vivir vidas plenas de auténtica felicidad. Adaptadas al mundo actual, son un poderoso antídoto contra la confusión que surge en la interfaz entre nuestra vida digital y personal.

Recibí estas enseñanzas a través de encuentros con Kilung Rinpoche y de algunos audios que el maestro grabó expresamente para este libro, las cuales se transcribieron y utilizaron como base para el manuscrito. Aunque hice sugerencias ocasionales, mi papel se limitó a organizar estas enseñanzas en forma de libro. Cada capítulo fue revisado por Rinpoche, quien estuvo íntimamente implicado en todo el proceso de recopilación y edición. Espero no haber introducido alteraciones en los escritos del autor, y asumo toda la responsabilidad en caso de que se haya producido alguna.

En cuanto al estilo lingüístico del libro, seguí la siguiente pauta: dado que Rinpoche enseña normalmente en inglés y ha desarrollado su propio estilo expresivo en ese idioma, pensé que lo mejor era mantener sus propias palabras siempre que fuera posible. Habiendo oído a Rinpoche traducir muchas veces del tibetano, está claro que es un pensador brillante y perspicaz. Por lo tanto, pensé que lo mejor era mantener un paralelismo con esa sofisticación en el estilo general original utilizado a lo largo de la obra.

INTRODUCCIÓN

El gozo es mucho más grande que la felicidad. Normalmente, a la felicidad se le atribuye la dependencia de circunstancias externas, mientras que al gozo no.

ARZOBISPO DESMOND TUTU

Soy del Tíbet —«el techo del mundo»—. Crecí en los verdes valles de las tierras altas, a una altitud de más de cuatro mil metros. Ayudaba a cuidar a los animales de mi familia —sobre todo, yaks y ovejas— de pastizal en pastizal, viviendo en una enorme tienda de campaña, hecha de pelo de yak. Cuando nuestra familia necesitaba comunicarse con otros nómadas o ir a la ciudad, lo hacía a caballo. Hoy me comunico como tú: utilizo un teléfono inteligente, una tableta y un ordenador portátil. Sigo pasando gran parte del año en el Tíbet, pero también tengo una residencia en los Estados Unidos y viajo por todo el mundo para impartir mis clases. Necesito mis dispositivos en todos esos lugares, incluyendo el Tíbet.

Como ya puedes adivinar, a pesar de mi inusual origen, estoy totalmente involucrado en el mundo moderno, un mundo atado a la tecnología digital. Con el tiempo, a medida que me conectaba más y más a ese mundo digital, y dependía más de él, descubrí que este modo de vida tecnológico tiene dos caras: por un lado, el alcance y la velocidad de internet y otras conexiones digitales me permiten hacer mucho más de lo que podía hacer antes y con mayor facilidad. Pero —como muchos hemos descubierto— esta tecnología trae consigo muchos quebraderos de cabeza y distracciones que pueden mermar seriamente sus beneficios.

Por lo tanto, al integrar este mundo digital en mi vida, utilicé las mismas prácticas budistas que me habían enseñado desde la infancia para afrontar los retos que presenta la vida. Al hacerlo, he podido mantener un estilo de vida tranquilo y ordenado que favorece tanto mi paz mental como mi productividad. Aunque no trabajo para una empresa ni tengo un jefe o gerente al que rendir cuentas, la mía es una vida activa; participo en muchos proyectos y debo mantenerme en contacto con muchas personas y organizaciones. Por eso, sé que muchos de vosotros —al igual que mis alumnos, amigos y conocidos— sentís mucha presión y estrés relacionados con la forma en que interactuamos con nuestros dispositivos digitales. Como todos sabemos, esa ansiedad digital es cada vez más común en el mundo actual. Creo que hay dos razones principales: una externa y otra interna.

La influencia externa de esta tecnología en nuestras mentes, y corazones, es el ritmo de los propios dispositivos. No me refiero solo al teléfono que tienes en la mano o al portátil que tienes delante de la mesa. Están estrechamente interconectados con una red electrónica de millones de dispositivos similares —por no hablar de los satélites, las unidades centrales, las torres de telefonía móvil, etcétera—. Estamos conectados de tantas maneras a esta deslumbrante red electrónica y a los miles de millones de personas que la utilizan que, incluso cuando apagamos nuestros teléfonos y ordenadores, sabemos que está ahí fuera llamándonos, vibrando, dejándonos mensajes y notificaciones. Y como muchos de los sistemas que dirigen nuestros dispositivos son también empresas, estas *apps* están diseñadas para captar nuestra atención todo lo posible. Cuantas más aplicaciones utilicemos, más oportunidades tienen de capturar nuestra atención mientras navegamos, compramos, chateamos y descargamos. Y si hacemos negocios con nuestros dispositivos —como nos toca a muchos de nosotros—, puede ser que sintamos que tenemos que estar disponibles casi todo el tiempo. Esto puede generar presión, ansiedad y fatiga.

La conexión interior con la tecnología digital es personal. Nuestra vida íntima, nuestra psicología personal, procede del conjunto de nuestra experiencia. Todos hemos pasado por la infancia, la adolescencia y la edad adulta, guiados por padres, familiares, profesores, mentores, amigos y demás. Todos hemos recibido la influencia de nuestro entorno cultural, la escuela, la empresa, la religión, gobiernos, economías, medios de comunicación y política. Han hecho de nosotros lo que somos y cómo somos. Y en el mundo actual, nuestra vida interior está totalmente integrada en el universo de los medios digitales. Las redes sociales y las aplicaciones de los *smartphones* nos conectan con amigos, citas, negocios, transporte, ocio, comida a domicilio, investigaciones... en fin, con todo. Es una vía de doble sentido: nosotros buscamos las aplicaciones y programas que necesitamos y nos atraen, y los medios digitales rastrean nuestros hábitos —nuestros datos— y los utilizan para captar nuestra atención. Estamos tan implicados en este dar y recibir que, para muchas personas, estar fuera de contacto con sus dispositivos digitales, aunque sea brevemente, puede generar soledad y miedo a perderse de algo. Si nuestra educación incluye patrones de hábitos condicionados que hacen que nuestra relación con determinadas personas o situaciones sea problemática o dolorosa, la conexión digital puede amplificarla.

Para traer armonía a estos aspectos internos y externos de nuestras vidas, tenemos que examinar detenidamente ambos lados de la ecuación y ver si podemos hacer algunos cambios positivos. Al hacerlo, pronto descubriremos que el mundo interior del pensamiento y la emoción impulsa nuestras necesidades digitales tanto como la naturaleza de las comunicaciones digitales puede a veces conducirnos a la distracción. A medida que exploremos las estrategias que podemos utilizar para ganar cierto control sobre nuestros dispositivos, iremos conociendo algunos de nuestros impulsos internos ocultos que nos mantienen pegados a la pantalla, al panel táctil y a los botones.

A partir de esta exploración también podemos descubrir que nuestra interacción con el mundo digital, tanto en sus aspectos internos como externos, nos está limitando. Lo que todos buscamos, naturalmente, es la felicidad. ¿No es cierto? Pero, ¿nos hace felices nuestro estilo de vida moderno? Para plantear esta pregunta con más detalle: ¿Nuestra forma de vida actual nos aporta las recompensas que buscamos? Y si es así, ¿esas recompensas —logros, nivel de ingresos, reconocimiento, conexiones y relaciones sociales— nos hacen profundamente felices? Cuando digo «profundamente felices», me refiero a un tipo de gozo, satisfacción y felicidad que viene de dentro y no es solo el resultado de la satisfacción exterior. Conseguir un aumento de sueldo y un ascenso puede hacer que saltes por la calle cantando una melodía. ¡Está genial! Pero también nos hemos sentido así a veces sin ninguna razón exterior. Simplemente nos sentimos bien por estar vivos. ¡Necesitamos más de eso!

Este tipo de felicidad genuina y auténtica es como una flor que necesita un jardín espacioso y bien cuidado para prosperar. En cuanto a los aspectos externos e internos de nuestro entorno digital, necesitamos un *espacio* mental y emocional que nos dé la libertad para respirar y crecer y que nos permita desarrollar la *sabiduría* que puede ver las verdaderas causas internas de la felicidad. Solo así podremos avanzar en esa dirección y florecer. Las prácticas y sugerencias presentadas en este libro pueden despejar el desorden que nos distrae y nos impide avanzar en nuestras carreras y relaciones. Necesitamos espacio para llegar a ser buenos en lo que hacemos y navegar con mayor eficacia por todas las complejidades de la vida humana. Pero sería una pena dejarlo ahí, limitarnos a tener «éxito». Así que, del mismo modo que estas prácticas han sido utilizadas por los budistas tibetanos durante milenios para lograr vidas verdaderamente felices y plenas, mi esperanza es que tú también las apliques teniendo ese objetivo mayor en mente.

Itinerario del viaje

Este libro se parece un poco a un viaje en avión. La primera parte, nuestro despegue —desplazarse por la pista y levantar el vuelo—, es una breve exploración de la interfaz humano-digital que forma parte de la vida actual. ¿Cómo está organizada y cómo condiciona nuestro comportamiento? Por supuesto, es diferente para cada individuo, pero hay algunos aspectos, como el uso de los *smartphones*, que nos afectan a la mayoría de forma similar. ¿Hasta qué punto nuestros teléfonos nos unen y nos hacen la vida más fácil? ¿Y en qué medida nos separan y nos distraen? ¿En qué aspectos contribuyen a nuestra libertad y felicidad y en cuáles nos limitan?

La segunda parte nos llevará por los aires. El tipo de sobredosis digital que muchos de nosotros experimentamos a diario es como una espesa capa de nubes. Con su velocidad y densidad, las llamadas, mensajes y notificaciones que recibimos pueden atarnos y enturbiar nuestra claridad mental. Mientras que en la primera parte obtenemos una visión básica —una revisión de los aspectos personales y electrónicos de la vida moderna—, en la segunda introduzco algunas prácticas tomadas del budismo que nos ayudarán a soltarnos un poco. Para la mayoría de los lectores, se trata de un nuevo conjunto de herramientas basadas en las prácticas que he encontrado extremadamente eficaces en mi propia vida. Utilizándolas, podemos ganar más libertad para elegir cómo afrontar la vida y avanzar hacia una mayor paz mental y menos distracciones innecesarias. Podemos hacer descubrimientos profundos sobre nuestros patrones de hábitos, darnos cuenta de los efectos que tienen sobre nosotros e implicarnos en prácticas que nos aportarán mayor armonía y libertad.

Nos elevamos por encima de esas nubes en la tercera parte, donde podemos disfrutar de un cielo azul despejado. Examinamos la naturaleza de la felicidad y el sufrimiento y observamos las implicaciones más profundas de nuestra realidad virtual: la interdependencia que conecta todo en la vida. Estas reflexiones sirven de puente hacia la cuarta parte, en la que nos elevamos al espacio. Aquí te invito a explorar cuestiones más profundas sobre las que quizá ya sientas curiosidad. Entre ellas, la naturaleza de la sabiduría, la cuestión del karma y la importancia de la bondad amorosa y la compasión. En el último capítulo, «Ecología: interior y exterior», volvemos literalmente a la Tierra, centrándonos en nuestro planeta, nuestro hogar. ¿Cómo se relaciona el dilema medioambiental actual con nuestro mundo interior y cómo podemos utilizar ese conocimiento para sanar la Tierra?

Los mundos de nuestra vida interior y la comunicación digital pueden encontrarse armoniosamente o pueden chocar, provocándonos estrés, ansiedad, distracción y dolor. Este libro trata de desarrollar una comprensión clara de estos dos mundos para que podamos reducir nuestro sufrimiento y aumentar nuestra felicidad.

PRIMERA PARTE

BAJO EL HECHIZO DE LA DISTRACCIÓN

1

NUESTRO ESTILO DE VIDA DIGITAL

Creo que todos estaremos de acuerdo en que queremos ser felices en la vida y evitar el sufrimiento. No sé si nuestra búsqueda de la felicidad es hoy más difícil que en el pasado, pero además de los problemas normales a los que los seres humanos nos enfrentamos en la vida, estoy seguro de que el mundo actual de las comunicaciones digitales ha añadido nuevos giros y vueltas a un baile que solo estamos empezando a comprender y con el que estamos aprendiendo a movernos. Y siempre se añaden más.

Para apreciar plenamente nuestra situación actual, necesitamos cierta perspectiva. Es importante saber cómo hemos aterrizado en este punto para ver hasta dónde podemos llegar. Nos hemos acostumbrado tanto a nuestro estilo de vida rápido, conectado y moderno que tendemos a ignorar el contexto. No hace mucho, países modernos como Estados Unidos, Alemania y China eran principalmente agrícolas. La mayoría de la gente vivía en el campo. Después, las nuevas tecnologías cambiaron la agricultura y la gente del campo se trasladó a las ciudades, donde la vida era más rápida y complicada. Un día había agricultores sin prisas en una granja familiar. Al día siguiente, las mismas personas luchaban por adaptarse a la vida en la ciudad.

Algo parecido ha ocurrido con la tecnología digital, que se convirtió en una poderosa influencia tan solo hace treinta años.

Poco a poco, todo se ha vuelto más rápido y complejo. Y esta velocidad y complejidad no dejan de aumentar, puesto que la industria digital está impulsada por la innovación. Pero el hecho de que el *hardware* y el *software* sean electrónicos no significa que estemos realmente separados de la tecnología digital, de su creatividad e ingenio: simplemente somos humanos *utilizando* máquinas, como un escritor aporreando una máquina de escribir —los dispositivos y *softwares* actuales son creaciones y expresiones de la mente humana—. Los investigadores tecnológicos, los empresarios y los militares las introdujeron a la sociedad humana. Se han convertido en una nueva extensión de nuestros cuerpos y mentes. Creamos nuevos equipos y programas informáticos, y a medida que estos influyen en más y más aspectos de la vida humana, nos vemos obligados a adaptarnos a ellos, a jugar su juego, a bailar su danza.

He aquí un ejemplo más cercano a lo que quiero decir. Tomemos un deporte de competición popular. Podría ser cualquiera, pero usaremos el fútbol, ya que es fácil de describir, incluso si no eres jugador o aficionado. Cada equipo tiene once jugadores, hay porterías con una red en cada extremo del campo y se juega con un balón. Se anota un gol pateando (o cabeceando) el balón a la red. Hay muchas maniobras y estrategias complicadas, pero básicamente el juego es así de sencillo. Ahora supongamos que los jugadores entran en el campo y se les dice que se utilizarán dos balones a la vez. Después del descanso, se añade un tercer balón. En el siguiente partido —con poco o ningún aviso— se añaden más balones, jugadores y porterías, y se reduce el tamaño del campo. Y los jugadores no tienen elección: tienen que adaptarse a estos cambios. Así es como nos encontramos hoy en día en el mundo digital. Nosotros y nuestros dispositivos somos socios en un vasto y cambiante bucle de retroalimentación: los adaptamos y ellos nos adaptan. Pero, ¿cuál es exactamente nuestro problema?

Creo que la mejor palabra para describir nuestras dificultades con la «vida digital» es *distracción*. Fíjate en la diferencia entre un teléfono fijo normal —una tecnología anticuada— y un *smartphone*. El antiguo «teléfono tonto» no se movía de su sitio y solo tenía una función: hacer llamadas. Cuando no se contestaba por estar fuera de casa o de la oficina, si era importante, la persona volvía a llamar luego o dejaba un mensaje en el contestador. Nos distanciábamos un poco del teléfono y eso nos relajaba. El teléfono no cabía en el bolsillo ni en el bolso, no nos seguía a todas partes. No nos interrumpía cuando conducíamos o cogíamos el autobús, cuando paseábamos o cuando disfrutábamos de una comida con amigos o familiares en un restaurante. De igual forma, la mayoría de la gente no tuvo un ordenador personal en casa hasta 1990 aproximadamente; a los portátiles, las tabletas y el Apple Watch todavía les quedaba un tiempo para llegar a nuestras vidas. Claro que la vida en los países modernos era acelerada —a veces descrita como una «carrera de ratas»—. Pero en comparación con hoy, había mucho más espacio para respirar.

Ahora esos días son difíciles de imaginar, y muchos jóvenes nunca han experimentado ese viejo mundo analógico. Hoy, para muchos de nosotros, parece natural estar constantemente comunicándonos a través de nuestros móviles, de múltiples maneras. Si no se trata de una llamada, nos llegan mensajes de texto, notificaciones, anuncios o noticias. O hacemos fotos o vídeos y los subimos a Facebook, TikTok, Instagram o Pinterest, y luego le añadimos texto. Buscamos en Google respuestas a nuestras preguntas, comprobamos nuestros saldos bancarios y nuestras inversiones. Ahora, *en caso de que* miremos a nuestro alrededor, veremos que casi todo el mundo hace lo mismo: tiene la cara pegada a la pantalla. Si no es un *smartphone*, es uno de esos muchos dispositivos digitales. Llenan nuestro tiempo, un flujo continuo de distracciones, pero pensamos que es normal porque todo el mundo lo hace. Estamos obligados a hacerlo para seguir el ritmo de la vida.

¿Cómo afectan estas distracciones digitales a nuestra vida personal, especialmente a nuestra *búsqueda de la felicidad*? Si esas distracciones amenazan dicha búsqueda, ¿hemos empezado al menos a integrarlas armoniosamente en nuestra vida cotidiana? ¿Las estamos afrontando? ¿O simplemente nos hemos acostumbrado a ellas y no nos queda más remedio que soportarlas y seguir adelante lo mejor que podamos? Si es así, ¿no nos habremos perjudicado a nosotros mismos en nuestra búsqueda de la felicidad?

La vía rápida digital

Para encontrar respuestas a estas preguntas y tener una idea más clara de cómo y en qué medida la tecnología digital configura nuestro mundo y nuestras vidas, demos un paso atrás y veamos el universo digital y nuestra propia participación en él con más detalle. Hay mucha información disponible sobre los dispositivos que más utiliza la gente hoy en día, cómo los utiliza y cómo se siente con respecto a su participación en el mundo digital. Es un tema habitual, del que se habla a menudo en los medios de comunicación. Es posible que algunos de estos datos y opiniones le resulten familiares. Pero más allá de las tendencias generales, hay mucha variedad en el comportamiento digital de las personas. Para meternos de lleno en esta exploración y llegar a una conclusión útil, responde las siguientes preguntas:

- Entre los dispositivos que utilizas habitualmente, ¿cuál es el que más utilizas y por qué? ¿Qué diferencias observas entre tus dispositivos y con qué fines utilizas cada uno de ellos?
- ¿Cómo se relaciona el uso de cada uno de tus dispositivos con tus objetivos en la vida, con tus exigencias —como las que provienen del trabajo, la familia, las relaciones y amistades—, con tus aficiones y proyectos personales, y con tus actividades de tiempo libre?

- ¿Te sientes cómodo con la *cantidad de tiempo* que dedicas a las comunicaciones digitales? ¿Te gustaría pasar más tiempo conectado o preferirías pasar menos? ¿Por qué exactamente?
- ¿Alguna vez te has sentido *manipulado* por los dispositivos, aplicaciones y programas que utilizas habitualmente? (Por ejemplo, ¿el diseño de una aplicación hace que pases demasiado tiempo con ella? ¿Te molestan demasiado anuncios y notificaciones? ¿Te sientes obligado a consultar el correo electrónico, contestar llamadas o responder a las redes sociales cuando preferirías no hacerlo o, simplemente, no tienes tiempo para ello?).
- ¿Cómo se comparan tus comunicaciones digitales entre seres humanos (correo electrónico, mensajes de texto, videollamadas, etc.) con los encuentros en persona?

Anota y ordena tus respuestas a estas preguntas para hacerte una idea de tu participación digital. ¿Surge algún patrón? Esta lista te será útil más adelante, cuando empecemos a aplicar antídotos para aquellos aspectos de nuestro uso digital que consideramos problemáticos.

Como preparación para escribir este libro, pregunté a amigos, conocidos y algunos de mis alumnos qué opinaban sobre los pros y los contras de nuestra vida digital. También revisé mi propio uso de los dispositivos digitales. He aquí algunas de las tendencias que se desprenden de esta investigación, resultados que no son sorprendentes:

Ventajas

- La rapidez, facilidad y comodidad de las comunicaciones digitales, especialmente con amigos, familiares y contactos profesionales que viven lejos de ti o están de viaje.

- La gran variedad de información y actividades disponibles a través de nuestros dispositivos, desde material de investigación hasta entretenimiento.
- La revolución de las compras en línea.
- Sugerencias de productos útiles —publicidad dirigida— enviadas a tus dispositivos en función de tus preferencias rastreadas (esto no siempre es positivo, algunos lo ven como un problema de privacidad y/o un consumo exagerado de tiempo).

Desventajas

- Uso excesivo: pasar buena parte del día con nuestros dispositivos.
- Desorden digital: la gran cantidad de aplicaciones y programas puede causar una distracción abrumadora.
- Presión del tiempo: la presión social y empresarial para responder a llamadas, mensajes de texto y notificaciones produce la sensación de estar «de guardia» 24/7, y la reducción del tiempo de esparcimiento.
- Vulnerabilidad emocional en el uso de las redes sociales.
- Sentirse susceptible a las tácticas de venta emocionalmente manipuladoras.
- La superficialidad y falta de matices de las comunicaciones digitales interpersonales en comparación con las reuniones en persona. El correo electrónico es otro ejemplo de ello. Confiar en las comunicaciones escritas puede introducir malentendidos que se evitan más fácilmente con el contacto en persona (la mejora de las tecnologías que permiten las videollamadas —como Zoom y Skype— puede haber atenuado este inconveniente).

Diferentes libros, medios de comunicación y de investigación en línea señalan otros aspectos negativos. Un tema importante es el «trabajo profundo» vs. el «trabajo superficial».[1] Aquí se nos advierte de que nuestro valor en el mercado y nuestras trayectorias profesionales se ven amenazados por actividades dominadas por la distracción, que nos hacen personas menos competitivas. El rendimiento humano generado por el trabajo superficial podría ser sustituido por máquinas. Otro aspecto negativo es la obsolescencia programada tanto de los dispositivos digitales como del *software*, una rueda de molino de gastos necesaria para mantenerse al día. También están las noticias adaptadas a las preferencias personales y políticas de la gente. Esto ha contribuido a las divisiones sociales y políticas de los últimos años. Y todavía otro aspecto negativo es la pérdida de tiempo y dinero causada por fallos tecnológicos, por no hablar de la piratería informática. Cuando esto ocurre, la «rapidez y comodidad» de la tecnología digital se ven afectadas.

Muchos de nuestros dispositivos y programas de *software* son atractivos y útiles. Y existe una gran variedad para diferentes ocasiones y tipos de comunicación. La tecnología en sí es realmente asombrosa. Pero al mismo tiempo, muchos de nosotros hemos notado graves inconvenientes en el uso de estas y en cómo nuestras vidas han sido afectadas por ellas. Si eres como yo, sentirás cierta tensión entre las ventajas y los inconvenientes de las comunicaciones digitales. Las ventajas —como las enumeradas anteriormente— tienden a llevarme hacia las desventajas, sobre todo cuando se trata de perder el tiempo y de la intrusión de anuncios no deseados. Mis dispositivos se convierten en la

---

1 Los términos trabajo profundo (*deep work*) y trabajo superficial (*shallow work*) fueron acuñados por el autor Cal Newport en *Deep Work: Rules for Focused Success in a Distracted World*. Estas dos categorías describen dos tipos muy diferentes de enfoque laboral. En resumen, el trabajo profundo se refiere a la capacidad de concentrarse en tareas cognitivamente exigentes, mientras que el trabajo superficial se refiere a tareas que no requieren un gran esfuerzo mental y que se pueden realizar mientras se está distraído. [N. del T.]

versión adulta de los chocolates o helados que a los niños les encantaría comer durante todo el día, y puedo verme perdiendo un tiempo precioso que podría emplear de formas más significativas. Por poner un ejemplo, cuando viajo, utilizo una *app* que emite el suave sonido de los cuencos tibetanos. Esto crea una atmósfera agradable para la meditación. Pero en algún momento aparece de repente un anuncio y el ambiente meditativo se rompe.

La tensión entre los pros y los contras de esta tecnología se refleja en las formas más raras o extremas en que algunas personas se relacionan con ella. Hay quienes limitan estrictamente su uso de la tecnología digital. O no la necesitan o no les gusta, y han llegado a la conclusión de que simplemente evitarán usarla o se disciplinan para no dejarse llevar por ella. En el otro extremo están los adictos a la tecnología, que malgastan su tiempo y su dinero en apuestas en línea, compras excesivas y atención compulsiva a sus dispositivos. En este grupo se incluyen las personas que están extremadamente estresadas por toda esta distracción. El «ataque de nervios» de años pasados ha sido sustituido por los actuales ataques de pánico.

Distracción, S.A.

¿Existe una zona intermedia armoniosa entre el uso excesivo y frenético de la tecnología digital y el hecho de no utilizarla apenas (y perderse sus ventajas)? Creo que puede ser raro, y hay razones específicas para ello —que apuntan al papel de la distracción en la industria digital—. Al fin y al cabo, distraernos es lo que hace rentables a las empresas tecnológicas. Es la clave de su éxito, de su resultado final. Saben —y han gastado mucho dinero para averiguarlo— que si no siguen distrayéndonos, captando nuestra atención y atrayéndonos, no es probable que sigamos conectados. Nos aburriremos y nos iremos a otra parte (incluso podríamos apagar el dispositivo y leer un libro). Como me dijo un amigo experto en tecnología: «Están diseñadas para que sigas con ellas en pequeños incrementos, ansiando más estímulos». Así que —en primer lugar— la distracción es un buen negocio en el universo digital. Por lo tanto, siempre hay alguna presión que nos empuja hacia una adicción, al menos leve: el uso excesivo, la presión del tiempo y navegar por las trampas emocionales que tienden las redes sociales.

Pero estas presiones no empezaron con la tecnología digital. Cuando los CEO de Silicon Valley (y sus precursores en la industria publicitaria establecida) vieron lo vital que era mantener a los clientes locamente interesados en sus productos (y distraídos de cualquier interés por la competencia), recurrieron a la ciencia de la psicología. Hoy en día han ido mucho más allá de los esfuerzos anteriores que utilizaban encuestas, entrevistas, grupos de discusión, etc. Ahora se utiliza incluso tecnología médica, como la imagen por resonancia magnética funcional (IRMf), para ver en tiempo real cómo reacciona el cerebro de los consumidores ante determinados anuncios y aplicaciones. ¿Y qué descubrieron? Descubrieron nuestros puntos calientes —muchos de ellos tan sutiles que pasan desapercibidos— y han utilizado este conocimiento para diseñar sus programas. Por ejemplo: ¿Qué impulso lleva a la gente a consultar con frecuencia el correo electrónico? ¿Es la información lo que buscamos? ¿El contenido de las comunicaciones? No. El impulso inicial es un deseo de reconocimiento social, de amor: «Alguien se preocupa por mí». El mismo tipo de impulso sutil nos hace desear un pulgar hacia arriba o un emoji de corazón de nuestros amigos de Facebook o seguidores de YouTube.

No es nada nuevo. Los buenos vendedores siempre han hecho lo mismo —a menudo intuitivamente— para animar a los clientes potenciales. Sabían leer las necesidades y respuestas emocionales de la gente y apelar a ellas. Pero ahora el desorden producido por la venta digital intensa y generalizada —muchos de nosotros, ocho mil millones de humanos, formamos ahora parte de este universo digital— ha convertido la distracción y todos sus efectos secundarios en una atmósfera general. Como se suele decir, el mundo es cada vez más pequeño. Esto se debe a que estamos íntima y frecuentemente conectados. Es posible que nos estemos moviendo en una dirección en la que el desorden, el uso excesivo y la presión del tiempo digital nos estén empujando a entornos mentales y emocionales incómodos y nos distraigan de pensamientos y sentimientos más satisfactorios. Esto se observa cada vez más en los niños, que son esencialmente adictos a las actividades digitales. La dependencia de sus dispositivos puede limitar su atención exclusivamente a sus propias necesidades y deseos. Pueden llegar a ser tan narcisistas que se conviertan en discapacitados sociales y vulnerables a la depresión. Los adultos no son inmunes a esto.[2]

La distracción en el mundo digital procede de dos fuentes. La primera es la enorme *cantidad de información* que se nos dirige desde muchas direcciones, a través de muchos medios y en los muchos dispositivos que tenemos a mano. Estos constituyen la plataforma desde la que se genera la atmósfera de distracción. Mientras nuestros aparatos estén encendidos, los mensajes seguirán llegando. En segundo lugar está el *contenido,* que distrae en el sentido de que puede ser emocionalmente perturbador. Cada vez vemos más violencia en las noticias (y de forma más vívida, ya que cualquiera «en el lugar de los hechos» con un teléfono inteligente puede filmar la última atrocidad y publicarla en internet o venderla a un medio de noticias comercial). Las redes sociales, como Twitter, permiten a los políticos y a los expertos más ruidosos hacernos pensar y, a veces, expresar nuestra ira. Los mejores saben exactamente cómo captar nuestra atención. Han sustituido a las fábricas de rumores de décadas

2 Según un aviso público del Cirujano General de EE.UU., «el uso frecuente de las redes sociales puede estar asociado con cambios distintivos en el cerebro en desarrollo... y podría aumentar la sensibilidad a las recompensas y castigos sociales». Richtel, Matt, Pearson Catherine y Levenson, Michael. (2023). Surgeon General Warns That Social Media May Harm Children and Adolescents. *New York Times*, 23 de mayo de 2023.

pasadas. Los viejos tabloides, con sus historias exageradas, cuestionables y a menudo extrañas, han sido sustituidos por blogs, sitios web, canales de noticias sesgados y redes sociales.

Muchos de estos hechos son ahora bien conocidos por el público. Os lo recuerdo porque para cada uno de nosotros, a nivel personal, hay un lado positivo en todo esto. Tenemos una oportunidad de oro para vernos a nosotros mismos como nos ven los desarrolladores de aplicaciones y los anunciantes —con su sutil percepción de algunas de nuestras motivaciones más íntimas y ocultas—. A partir de ahí, podemos perfeccionar nuestro autoconocimiento, dándonos el poder de dirigirnos en la dirección de la felicidad genuina en lugar de limitarnos a acumular más palmaditas digitales en la espalda y más «cosas» de Amazon, Walmart y otros grandes *retailers* en línea.

Condicionamiento 1.0

Todos somos conscientes, de vez en cuando, de sensaciones derivadas de la impaciencia, el estrés y la necesidad de apoyo emocional. Estas son algunas de las consecuencias habituales del uso de la tecnología digital. Por ejemplo, cuando nuestras actividades son rápidas, cualquier intento de ralentizar el ritmo suele producir impaciencia. Estamos acostumbrados a cierta velocidad e intensidad: basta con ver lo rápido que tecleamos y escribimos en nuestros dispositivos; lo rápido que pasamos de una pantalla a otra, de una aplicación a otra. Estamos condicionados a ello. Así que ahora mismo, para ver cómo es realmente este condicionamiento, vamos a hacer un experimento.

Saca tu móvil u otro dispositivo portátil. Colócalo en una mesa delante de ti, apágalo y míralo. Observa atentamente su forma general y las características físicas de sus componentes: teclado, zona de la pantalla, orificios y ranuras para las conexiones de entrada y salida, botones, etc. Muévelo, dale la vuelta, míralo desde distintos ángulos. Levántalo y siente su peso. Cierra los ojos y mueve muy lentamente las manos sobre el aparato. ¿Está caliente o frío? Acerca la nariz y huélelo.

¿Qué sentiste al hacerlo? ¿Te pareció tonto o estúpido? ¿Notaste impaciencia? ¿«Te llamó» el aparato para que lo encendieras y lo usaras? ¿Qué te ha parecido? La mayoría de las veces no pensamos en un dispositivo digital como un objeto que solamente hay que mirar o sopesar en la mano. Más bien, es algo en lo que mirar o a través de lo que mirar. Para nosotros, es una puerta a la realidad virtual, quizás incluso a una parte de nosotros mismos.

Ahora, *muy lenta y cuidadosamente* enciende el aparato. Si emite una alerta, ignórala con calma. Elige una tarea sencilla: tómate tu tiempo, mira un correo electrónico o chat, o comprueba si ha habido alguna llamada. Escribe o envía un mensaje muy despacio y deliberadamente. Si notas que empiezas a precipitarte, resiste el impulso. Vuelve a pasar las manos por el dispositivo, siente su peso, míralo desde distintos ángulos y apágalo.

¿Qué sentiste? ¿Te provocó ansiedad? ¿Te sentiste atraído por el dispositivo para interactuar con él a tu velocidad normal? ¿Notaste algún efecto físico, como hombros encorvados, tensión en el cuello o la cara, golpecitos con los pies, etc.? ¿O te has sentido bien dejándolo estar? Inténtalo una vez más para ver si puedes estar simplemente relajado y ser consciente del dispositivo en lugar de pensar en el pasado o en el futuro —en lo que hiciste con él en el pasado reciente o en lo que tienes que hacer con él en un futuro próximo—. Permanece presente con el dispositivo y contigo mismo. Comprueba cómo te sientes con ello. Es probable que no te hayas sentido cómodo o incluso que hayas estado neutral mientras probabas este experimento. Si es así, es porque estabas yendo en contra de los hábitos que has adquirido durante años de uso de la tecnología digital (si eres relativamente joven, probablemente hayas empezado cuando eras un niño pequeño). A medida que los dispositivos digitales y el *software* se han vuelto más y más potentes, se han vuelto más rápidos —al igual que nosotros al utilizarlos—. Reducir la velocidad es como nadar contra una fuerte corriente.

Nos sentimos así porque nos hemos condicionado a nuestros dispositivos. Esto se produce cuando una actividad se repite una y otra vez hasta que se convierte en automática. En términos más generales, hemos estado condicionados en muchos aspectos por nuestras familias, nuestras escuelas y, más adelante, en la vida laboral y profesional.[3] El condicionamiento puede incluir la tensión física que acompaña a nuestros esfuerzos y actividades, una tensión que puede no ser necesaria para la tarea en cuestión.

Por supuesto, no podríamos haber aprendido cosas tan útiles como el abecedario o sumar y restar si tuviéramos que repasarlas cada vez que las necesitáramos. Son cosas que deben llegarte de inmediato. Eso está bien y es necesario. Pero ¿qué ocurre cuando convertimos en hábito emociones negativas como la ira, el odio, el ansia, la pereza, los celos y el orgullo? Tarde o temprano, esas emociones pueden llevarnos a la infelicidad, a nosotros mismos y a los demás. Envenenan la atmósfera interior y exterior, ¿verdad?

Creo que todos tenemos una fuente natural de felicidad interior a la que podemos aprender a acceder y dejar que impregne nuestras vidas. Pienso que el mayor impedimento para esa felicidad es la distracción. La distracción y el condicionamiento están estrechamente relacionados. Comenzando con el segundo capítulo, vamos a ver cómo podemos trabajar con las distracciones que provienen de nuestro estilo de vida moderno, impulsado digitalmente. Luego, dado que creo que esos desvíos de atención se basan en capas más profundas del condicionamiento humano, veremos cómo podemos soltarnos y liberarnos de los planteados por este condicionamiento más profundo.

---

3 Los artistas y los inventores —personas que dependen de la creación de algo fresco y nuevo— tratan de evitar los mismos patrones. Su éxito requiere un «trabajo profundo» que puede florecer en ausencia de distracciones.

2

EL CUENTO DEL MONO

Las notificaciones que recibimos de manera frecuente en nuestros dispositivos están diseñadas para distraernos. Están pensadas para llamar nuestra atención. La aplicación del móvil, el programa informático o el sitio web que las envía considera importante que prestes atención a sus notificaciones. Puede ser tu banco pidiéndote confirmación de que has transferido dinero. Puede ser YouTube diciéndote que alguien nuevo se ha suscrito a tu canal. ¿O es tu *smartphone* el que te envía un anuncio o una llamada robotizada? Podemos recibir muchas notificaciones cada día.

En tradiciones espirituales como la mía, en la que se practica la meditación, evitar la distracción es realmente importante. Si un meditador o meditadora no puede concentrarse, ni siquiera puede empezar a meditar. Hay muchas historias y metáforas en estas tradiciones que hablan de esto. Una de las más conocidas es el cuento del mono. El mono —que representa nuestra mente y la forma en que normalmente proliferan nuestros pensamientos— se pasea entre los árboles y las enredaderas, atraído por todo lo que ve. Un plátano le llama la atención, deja lo que estaba haciendo y se abalanza sobre la fruta. Mientras come el plátano, puede oír la llamada de un pájaro o de otro mono, deja la fruta y se va a satisfacer su curiosidad. Y así sigue el mono, día tras día, distraído por una cosa tras otra. Hoy diríamos que el mono es neurótico o que padece un trastorno por déficit de atención con hiperactividad (TDAH) —o que está apegado a su *smartphone*—.

Esta experiencia nos resulta bastante familiar, ¿verdad? Sabemos que nuestra mente suele funcionar así. Puede que lo descubriéramos la primera vez que nos vimos obligados a concentrarnos continuamente en alguna tarea. Tal vez fue al aprender a leer o al memorizar la tabla de multiplicar. Vimos (y nos advertían nuestros profesores) de que si no nos concentrábamos, no aprenderíamos. En esa y otras situaciones, la concentración significaba que teníamos que evitar las distracciones internas y externas; dejarlas de lado temporalmente. Teníamos que dejar de pensar en el hambre y en la comida favorita que llevábamos en el táper. Teníamos que dejar a un lado el resentimiento por no haber sido elegidos para el equipo de voleibol del colegio. Teníamos que dejar de soñar despiertos, de mirar por la ventana deseando estar fuera para jugar o de camino a casa. Para ello, tuvimos que refrenar nuestra mente de mono[4] y encontrar o crear otra más centrada. Una tradición de meditación lo expresa así: «Debemos atar al mono con la cuerda de la atención plena». *Mindfulness* es la atención centrada, en este caso, en la propia mente. Una y otra vez esta se hace la sencilla pregunta: «¿Qué estoy pensando?».

Si nuestros hábitos son en realidad nuestro condicionamiento —nuestras pautas de comportamiento profundamente arraigadas—, ¿cuánto acostumbramos a centrar nuestra mente y con qué frecuencia pensamos y actuamos como el mono de nuestra parábola? No, no necesitamos estar constantemente concentrados como un robot. Eso probablemente nos volvería locos.

4 También, mente-mono; este es un concepto budista que tiene su origen en el chino *xīnyuán* o en el chino-japonés *shin'en* (心猿), una palabra que literalmente significa «mono corazón-mente». Hace parte de una metáfora mayor «mente-mono-voluntad-caballo», que hace referencia a controlar los impulsos emocionales de una mente inquieta y pensamientos errantes. [N. del T.]

Pero creo que muchos de nosotros, si nos preguntaran, diríamos que nos vendría bien estar más concentrados de lo que estamos normalmente. Ya sea en el trabajo o en el juego —y especialmente cuando se trata de competiciones y deportes—, cuanto más concentrados estemos, más contentos estaremos con nuestro rendimiento. La concentración puede ser una de las claves de la felicidad y de un estilo de vida satisfactorio.

Por supuesto que la distracción ya era un gran problema antes de la era digital. Si el caballero con su lanza o su espada perdía la concentración al acercarse su enemigo, ¡estaba perdido! Del mismo modo, si no nos preparábamos y concentrábamos bien al hacer un examen de acceso a la universidad, nuestras aspiraciones educativas se verían frustradas. La concentración siempre ha sido un factor vital en muchísimos aspectos de la vida humana. Pero ahora hemos añadido distracciones digitales a nuestro problema básico. Ahora hay una mayor actividad fácilmente accesible, y estas distracciones estimulan la mente de mono como nunca antes. Practicar el *mindfulness* es una forma excelente de disminuir distracciones en general, y especialmente las que provienen de nuestro consumo de tecnología digital. Exploraremos la práctica del *mindfulness* más adelante en este capítulo. Pero primero, tenemos que hacernos una idea de cómo nuestros pensamientos, emociones, percepciones, etc., están siendo modificados por influencias humanas establecidas desde hace mucho tiempo y por la tecnología digital.

El poder de los hábitos

La distracción y el condicionamiento suelen ir de la mano. Nuestros hábitos más arraigados nos preparan para actuar y reaccionar. Tanto el desencadenante como la reacción que provoca son básicamente distracciones. En algunos casos —una simple notificación o un *pop-up* de actualización de *software*— la distracción es directa. No es muy diferente de distraerse con el ladrido de un perro al otro lado de la ventana. Podemos perder la concentración o no. Pero ¿qué pasa con las perturbaciones emocionales mencionadas anteriormente que nos distraen hacia territorios peligrosos, como la ira y el odio, el deseo y el ansia, la torpeza y la pereza, los celos y el orgullo? A menudo surgen rápidamente de nuestro interior cuando aparece el desencadenante adecuado. Pueden ser perturbadores —a veces de forma dramática—. Por ejemplo, ves a un amigo paseando de la mano con alguien a quien te sientes románticamente unido o atraído. Como todos sabemos por experiencia, es muy fácil que eso desencadene en sentir celos. Para quienes han sido condicionados a la intolerancia racial, la visión común de «extranjeros» o «foráneos» (para evitar usar etiquetas más desagradables) en el mundo multiétnico de hoy desencadena el odio. También podemos estar condicionados a ser aburridos o perezosos. Cuando nos llega una carga de trabajo, podemos decir: «Lo dejaré para mañana». Si adquirimos ese tipo de hábito, podemos encontrarnos siempre retrasados en la escuela, en el trabajo o incluso cuando prometemos hacer un favor a un amigo.

También podemos desarrollar el hábito del orgullo. Hacemos las cosas bien, recibimos muchos cumplidos y, tras habernos convencido de que somos superiores a los demás, los tratamos como si fueran de segunda clase. Como mínimo, no es una buena manera de hacer y mantener amistades y relaciones armoniosas. Los patrones de conducta, repetidos hasta que estamos totalmente condicionados a ellos, son muy importantes en lo que se refiere tanto a la felicidad personal como a la felicidad en el mundo en general. Piensa en lo diferente que podría haber sido la historia si muchos alemanes y otros europeos de principios del siglo XX no hubieran sido antisemitas. O si cristianos y musulmanes en la época de las Cruzadas hubieran sido capaces de salvar sus diferencias. O si no existiera la discriminación contra las personas racializadas —negros, indígenas, etc.— que sigue siendo demasiado común en Estados Unidos. Si observamos un mapamundi, nos resultará difícil localizar lugares en los que las pautas negativas habituales de comportamiento no hayan causado terribles tragedias.

Pero aparte de estas grandes catástrofes sociales, hay otras más sutiles cuyos desencadenantes entran en juego por debajo de nuestro radar. Por ejemplo, si se nos ha exigido mucho desde que éramos niños, es posible que nos hayamos convertido en perfeccionistas. A veces, el perfeccionismo provoca una ansiedad sutil que desencadena respuestas exageradas, como la depresión cuando sentimos que no hemos sido perfectos o la necesidad obsesiva de no dejar ni un cabo suelto. Del mismo modo, traumas infantiles como el abandono pueden desencadenar necesidades obsesivas de conexión social —vulnerabilidades que pueden pasar desapercibidas—. Muchos de nuestros prejuicios sociales y culturales también pueden colarse por esta puerta.

Nuestro mundo está plagado de este tipo de distracciones, grandes o pequeñas, que actúan como desencadenantes de respuestas condicionadas y como resultado de dichas reacciones. Podríamos llamarlas «cadenas de distracción». Muchos seres humanos ejecutan o son objeto de violencia y discriminación étnica, de clase y económica. Se trata de una nube densa, como la bruma de un incendio forestal que oscurece la atmósfera general de la vida humana en la Tierra. Y a escala más personal, muchos de nosotros nos vemos perturbados por pensamientos y emociones habituales que amenazan nuestro equilibrio y paz interior y nos dejan incapaces de concentrarnos. ¿Qué ha aportado concretamente la tecnología digital a este mundo de distracción?

FORMACIÓN DE HÁBITOS: ¡HAY UNA *APP* PARA ESO!

Ya hemos hablado de cómo las redes sociales, los blogs, los tendenciosos medios de comunicación y otras fuentes digitales pueden amplificar el malestar social y la agitación política. Estas fuentes funcionan de forma muy parecida a como lo hacían los cotilleos en el mundo predigital. Se basan en el contenido (eslóganes, teorías conspirativas, noticias falsas) y son fáciles de detectar. Y la rápida difusión de noticias y acontecimientos en tiempo real (facilitada por la tecnología digital) también puede contribuir a este ambiente confuso. Sin embargo, el *diseño* de muchos programas y aplicaciones inyecta un tipo de distracción más sutil en nuestras vidas. La intención no es agitarnos, ni contribuir a nuestra ansiedad y estrés.

Para tener éxito en el mercado, las empresas digitales —la mayoría de las cuales ganan dinero vendiendo publicidad o vendiendo nuestros datos a los anunciantes— deben atraernos a sus aplicaciones y sitios y mantenernos allí el mayor tiempo posible. Como en esta rama del negocio publicitario se gana mucho dinero y, por tanto, la competencia es intensa, las empresas no escatiman en gastos para encontrar formas de desviar nuestra atención hacia sus aplicaciones y sitios. A partir de los resultados de exhaustivas investigaciones sobre las motivaciones de los consumidores, los diseñadores de aplicaciones han ideado ingeniosas formas de atraernos y hacer que volvamos a ellas. Han aprendido a leer nuestra mente mejor que nosotros. Y, como he mencionado antes, lo que han aprendido sobre nuestras motivaciones sutiles —y a menudo subconscientes— puede darse la vuelta y utilizarse para darnos un mayor autoconocimiento y ayudarnos a afrontar los retos de la vida con mayor eficacia. Si, a través del entrenamiento mental, desarrollamos la concentración suficiente para detectar, por nuestra cuenta, que estamos enganchados a tendencias habituales negativas o a tentaciones digitales, podemos liberarnos de ellas y tomar decisiones informadas. Es decir, nos volvemos más independientes.

Un caudal muy sutil fluye como una corriente subterránea bajo nuestros pensamientos intencionados y emociones. De vez en cuando podemos notar esta corriente, pero para verla con claridad necesitamos aquietar nuestra mente un poco y practicar el *mindfulness*. Usando la psicología del comportamiento, la industria publicitaria moderna y, sobre todo, los diseñadores de productos digitales han explorado minuciosamente este trasfondo de pensamientos y emociones. Para ello, no solo han utilizado los métodos tradicionales de grupos de discusión, encuestas, entrevistas, etc., sino también el análisis de la neuroquímica moderna y la tecnología de escaneo cerebral. ¿Qué han estado buscando? Quieren saber qué motiva a la gente a visitar *apps* y sitios web, a permanecer en ellos, a volver y a convertir su aplicación en un hábito. ¿Qué han descubierto? Para empezar, han encontrado que muchas de nuestras motivaciones no coinciden con nuestras opiniones o intenciones declaradas: a menudo no somos conscientes de las razones por las que hacemos clic en un *software* concreto o nos sentimos atraídos por un producto determinado.[5]

Piensa en el olor del pan recién horneado. Una mañana pasas por la calle junto a una panadería y ese atractivo olor —puede que ni siquiera seas consciente de su efecto sobre ti— te atrae hacia la tienda. Es muy probable que salgas con una bolsa de productos de panadería. Hoy no tenías intención de ir a por pan, pero lo has hecho. Por eso, las panaderías, cafeterías y restaurantes tienen a veces un ventilador sobre la puerta de entrada que proyecta los olores de la comida hacia los transeúntes. Es bueno para el negocio.

Otro ejemplo es el éxito de Coca-Cola. Cuando la marca empezó, competía con muchas otras bebidas de cola. ¿Cómo se distinguía? Una de las primeras y más famosas tácticas publicitarias de la marca fue diseñar su botella con la atractiva forma de una mujer joven. Hoy en día, la mayoría de sus anuncios muestran a gente reunida divirtiéndose. Una vez más, el mensaje no es el que cabría esperar: el «fabuloso sabor» de Coca-Cola o que es «refrescante». El mensaje esencial es la conexión social. Funciona porque un sutil sentimiento de soledad y una necesidad de socializar son comunes a la condición humana. Nuestra

5 En realidad, este descubrimiento se hizo mucho antes en la historia de la publicidad moderna, aunque su aplicación era menos sutil que a día de hoy.

atracción por los olores agradables de la comida, nuestra necesidad de compañía, y tantas otras motivaciones habituales y automáticas forman parte del sutil trasfondo de pensamientos y emociones que los diseñadores de aplicaciones captan y vinculan a sus productos digitales.

Los descubrimientos sobre el comportamiento y la motivación del consumidor realizados en publicidad se denominaron en su día «persuasores ocultos», y su aplicación se ha llamado «publicidad subliminal».[6] Las corrientes emocionales subyacentes en las que se basan hoy los diseñadores de *software* digital incluyen la soledad, el aburrimiento, la ansiedad, el estrés, la depresión, la indecisión, la confusión, la frustración, los miedos —incluido el *FOMO* (*fear of missing out*)[7]—, el deseo de sentirse competente, el deseo de tener el control, de tranquilizarse, y muchos otros. Se ha descubierto que los experimentamos como momentos breves y apenas perceptibles de malestar —microdolores—. Como suelen ser muy sutiles, es posible que solo los percibamos como una vaga insatisfacción —un «picor», como lo llaman los diseñadores de aplicaciones—. De nuevo, no son emociones tan fuertes como para unirse a una protesta callejera, firmar una petición o escribir una carta al editor. Pero pueden desencadenar un simple clic en una aplicación que alivie la incomodidad, que rasque el picor. Por eso los diseñadores de aplicaciones se centran especialmente en el momento previo al clic, en el *impulso* que desencadena esa acción.

Si sientes un pinchazo de aburrimiento, ¿no habría que buscar algún tipo de emoción como alivio natural? Eso podría convertirse en jugar a un videojuego, leer un hilo de noticias o incluso

---

6 El periodista Vance Packard fue, en los años 50, uno de los primeros en hacer públicas las investigaciones y estrategias de la publicidad moderna. *The Hidden Persuaders* fue el título de su libro más famoso [N. del T.: en español, *Las formas ocultas de la propaganda*].

7 *Miedo a perderse algo*. Se trata de un término acuñado por académicos en el campo del desarrollo de aplicaciones.

consultar el correo electrónico. Para la soledad o si te sientes un poco deprimido en tus relaciones, Facebook es con frecuencia la primera opción para la conexión social y el apoyo. ¿Te sientes ansioso y estresado? Puedes recurrir a una aplicación de meditación como Headspace o a sonidos relajantes de YouTube o Spotify. Sea cual sea el pensamiento o la emoción incómoda que te asalte en ese momento, las aplicaciones, programas y sitios web digitales tienen como objetivo proporcionar alivio en forma de una distracción aparentemente más agradable. Tu atención se desvía de lo que te molesta. Por supuesto, eso no resuelve los problemas en su esencia. Si lo hiciera, la gente no necesitaría volver una y otra vez, y la aplicación quebraría. Ahí está el truco: a cambio de unos minutos (u horas) de agradable distracción, al visitante se le muestra publicidad y se registran sus datos. El visitante siente alivio, quizás seguido de satisfacción. El éxito de la aplicación —tantos accesos al día, tantos usuarios habituales— atrae a los anunciantes (que se dirigen a los visitantes y realizan ventas).

Más allá del atractivo inicial de probar una aplicación, hay una serie de estrategias inteligentes que se utilizan para que volvamos y nos quedemos más y más tiempo. No vamos a hacer un repaso de ellas. Pero un buen ejemplo es el principio de la «recompensa variable». La investigación sobre el diseño de *software* ha demostrado que es más probable que permanezcamos en un programa si sus recompensas varían con el tiempo, es decir, si no estamos seguros de lo que va a ocurrir a continuación. Nos atrae la novedad, y si no hay suficiente en una actividad, las cosas se vuelven demasiado predecibles y nos aburrimos, y nos vamos. El ejemplo más obvio son las máquinas tragaperras. Estas máquinas están diseñadas para pagar al azar. Esto mantiene el interés del jugador (por supuesto, el pago se calcula para que sea mucho menor que el valor de las monedas gastadas jugando). Los videojuegos también están diseñados así. Incluso la motivación para consultar con frecuencia el correo electrónico está relacionada con este hábito psicológico común («Será mejor que vuelva a comprobarlo. Puede que haya alguna sorpresa agradable»). Los estudios sobre los flujos de dopamina en el cerebro (un neurotransmisor asociado al placer) han demostrado que no es la recompensa real de estas aplicaciones y juegos lo que nos excita —la lluvia de monedas, los pulgares hacia arriba o los emojis de corazón—, sino el alivio de la tensión de ansiar la recompensa. Lo que duele es sentir ese anhelo.[8]

MÁS *MONKEY BUSINESS*[9]

Volvamos a nuestro mono. El mono se distrae de una cosa a otra por impulso. A estos primates les encantan los plátanos, así que cuando ven uno, van allí impulsivamente, sin pensarlo. El animal ansía el sabor, la recompensa. No está satisfecho hasta que la ansiedad de ese anhelo —ese microdolor— se alivia con el plátano en cuestión. Pero muy pronto otro antojo lo distrae y el patrón se repite. Mientras el mono no se dé cuenta del patrón de distracciones e investigue sus causas, este seguirá controlándolo. Ese es uno de los peligros de los hábitos. Por supuesto, también tienen su lado positivo. No podríamos sobrevivir ni prosperar sin nuestros hábitos saludables.

Muchas de nuestras rutinas digitales diarias se organizan intencionadamente. Son hábitos que decidimos para satisfacer nuestras necesidades cotidianas. Consultamos el correo

---

8 Según Anna Lembke, directora médica de medicina de la adicción de la Universidad de Stanford, la interacción con las redes sociales libera dopamina, que ilumina la misma parte de la vía de recompensa del cerebro que las drogas y el alcohol. Pero para esta droga en concreto tenemos acceso 24 horas al día, 7 días a la semana. Véase a Velarde, Luis. (2023): How Addictive, Endless Scrolling Is Bad for Your Mental Health, *Washington Post*, July 14. www.washingtonpost.com/science/2023/07/14/social-media-mental-crisis-youths/.

9 El autor juega con la figura del mono, explorada en este capítulo, y la expresión inglesa *monkey business* (literalmente, «negocios de mono»), que se puede traducir como «negocios sucios». [N. del T.]

electrónico, vemos las noticias mientras desayunamos, respondemos a mensajes de texto y de voz de camino al trabajo, trabajamos en un escritorio frente a un portátil o un ordenador de mesa. Esto es similar al antiguo mundo analógico en el que comprobábamos el correo, leíamos el periódico de la mañana, hacíamos llamadas telefónicas (e incluso enviábamos y recibíamos telegramas) y quizá utilizábamos una máquina de escribir en el trabajo. Ahora nuestras rutinas diarias se ven reforzadas por la tecnología digital. Pero en realidad, el verdadero *monkey business* ocurre cuando estamos en nuestro tiempo libre. Ya sean unos minutos u horas, aquí es donde se hace patente el poder persuasivo de los diseños de las aplicaciones. El «plátano» que anhelas puede ser el alivio de una sutil sensación de aburrimiento, soledad, ansiedad o cualquier otra vulnerabilidad emocional que forme parte de tu condicionamiento. Te giras hacia tu dispositivo, ves el logo de una *app* que te proporciona el mejor y más rápido alivio, y haces clic en ella impulsivamente. Vas a Facebook o Instagram para comprobar rápidamente lo que hacen tus amigos (y lo que dicen de ti), y dos horas después las campanas psicológicas de la *app* y sus silbidos siguen atrayendo tu interés. «¡Madre mía!, ¿dónde se ha metido el tiempo?».

¿De dónde proceden todos estos antojos sutiles, estos microdesasosiegos, esta agitada corriente subterránea de pensamientos y emociones? Provienen de nuestra experiencia personal: nuestra educación de niños, nuestra educación formal, nuestra educación informal (lo que aprendemos de nuestros amigos y vecinos), nuestras relaciones y nuestra vida laboral. Este condicionamiento es nuestra cultura. Tanto si has nacido y crecido en Occidente como en cualquier otro lugar, la cultura occidental es la que domina actualmente gran parte del mundo (y la tecnología digital ha desempeñado un papel importante en este dominio).

La investigación que potencia el comercio digital, sondeando la psicología del consumidor y especialmente sus motivaciones, se centra sobre todo en los occidentales modernos. Y hoy en día, los «occidentales modernos» incluyen a muchas personas que viven fuera de Estados Unidos, Australia y Europa.[10] No debería sorprendernos que nuestros hábitos mentales y emocionales más fuertes se desarrollen en la infancia (y la adolescencia) y que en las sociedades occidentales —con su enérgica lucha por la expresión individual y el éxito profesional— sea común la vulnerabilidad emocional adquirida en la juventud. Estas vulnerabilidades ofrecen un fructífero campo de investigación sobre el comportamiento y la motivación de los consumidores. Por ejemplo, hoy en día no es raro que ambos padres trabajen a jornada completa. Por tanto, muchos niños en esta situación pueden sentirse algo solos y abandonados. Esto puede plantear problemas de conexión y validación social («¿Me quieren?» «¿Me valoran?»). El niño también puede desarrollar FOMO, que se ha descrito como una de las motivaciones detrás de Instagram, Snapchat, SHAREit y las plataformas de redes sociales, donde el incentivo para abrir la aplicación es hacer una crónica de las experiencias de la vida diaria con fotografías, pies de foto, mensajes y vídeos cortos. El usuario está diciendo: «Esta es mi vida y estas son las cosas significativas que estoy haciendo. ¿Qué os parece?». Facebook es otra salida popular para este tipo de mensajes.

Por miedo a perderse los acontecimientos pasajeros de sus vidas y a dejar constancia de su importancia, los fanáticos de Instagram suelen pasar horas al día enganchados a la aplicación. Esta implicación proporciona a la red social estadísticas para atraer a posibles anunciantes, demostrando que muchas personas pasan un tiempo considerable en su *app* y que, por tanto, merecería la pena colocar anuncios en ella. El FOMO también puede estimular el uso excesivo del correo electrónico, Facebook, YouTube, Twitter, etc., donde los usuarios se dejan llevar

10 Por supuesto, hay que tener en cuenta las variaciones locales. No es probable que una empresa de publicidad de un país musulmán muestre a mujeres jóvenes con poca ropa promocionando sus productos.

por la esperanza de recibir un pulgar hacia arriba, un emoji de corazón y otras formas de validación social.

Motivados por sobresalir

Una amplia gama de vulnerabilidades emocionales son comunes en la cultura occidental y en muchas partes del mundo fuertemente influenciadas por Occidente. Esto no significa que los occidentales sean típicamente personas traumatizadas y presas del pánico. Sin embargo, crecer hoy en día en una sociedad occidental implica aspiraciones y actividades comunes que requieren un esfuerzo intenso, un pensamiento complejo y resistencia emocional. Esto se debe a que la vida en Occidente gira en torno a la expresión de la independencia personal.[11] Un ejemplo es la importancia de tener una carrera profesional de éxito, material y psicológico, en un mundo competitivo. Una de las primeras preguntas que se oyen al conocer a alguien nuevo es: «¿A qué te dedicas?». Es una pregunta doble que también puede interrogar: «¿Es importante lo que haces (en comparación con la mayoría de los demás)?». «¿Tienes éxito?» e incluso, «¿Lo has hecho por tu cuenta?». Como es tan importante, los padres (que también se enfrentan a estas preguntas) se sienten presionados para asegurarse de que sus hijos tengan éxito.

Esto puede crear tensiones y traumas, especialmente si el joven tiene ideas sobre sus aspiraciones que difieren de los consejos y expectativas de sus padres. Estos conflictos son frecuentes, especialmente hoy en día. Un ejemplo típico: los padres desean el éxito y la felicidad de su hijo basándose en la carrera X, mientras que el niño quiere dedicarse a la Y. La duda y la indecisión serían

11 Por el contrario, las culturas asiáticas tradicionales han hecho hincapié en el papel establecido de cada uno en la sociedad, ejemplificado en el sistema de castas de la India y las sociedades estratificadas de Japón, la antigua China y otros lugares.

un resultado natural si la situación se convirtiera en un conflicto interior que el niño no pudiera resolver. Y hay muchas *apps* y videojuegos diseñados para aliviar brevemente los pinchazos de la duda y la indecisión.

El afán por destacar, ser único, diferente y mejor —el ideal del individuo en la sociedad occidental— puede convertirse en un obstáculo si se lleva al extremo. Si competir con los demás es lo más importante en la mente de uno, hay una presión constante para ser mejor y hacer más. Una de las consecuencias podría ser el perfeccionismo, al que ya nos hemos referido. En este caso, la mente vigila obsesivamente el propio progreso, lo que puede contribuir al pensamiento neurótico. Este individualismo competitivo también puede conducir a un orgullo excesivo.

La situación que describo en este capítulo no es teórica. Puede ser fácilmente comprobada por cualquiera que sea capaz de detenerse, dar un paso atrás y observar con atención su propia mente, las actividades de sus semejantes y las formas en que interactúan las sociedades en el mundo actual. Al fin y al cabo, el mundo humano no es más que las interacciones de las mentes humanas. Pero esta pausa para observar y reflexionar rara vez se produce porque, como el mono de la fábula, estamos demasiado distraídos. Nos dejamos llevar por el río caudaloso de nuestros hábitos y nos preguntamos por qué carecemos de felicidad y paz mental. Por lo tanto, si nos tomamos en serio el desarrollo de esas cualidades, tenemos que entrenar a nuestro mono con la cuerda del *mindfulness*.

Por cierto, la medicina tibetana ofrece una metáfora y una forma de curación aplicadas al sistema nervioso humano que pueden arrojar luz adicional sobre las enfermedades condicionantes y por estrés. A esta se le conoce como *lung*, muestra con cierto detalle cómo la mente, el cuerpo físico y el sistema nervioso trabajan juntos para formar patrones de hábitos que pueden restringir nuestra libertad de elección. Para una breve descripción de este proceso desde el punto de vista de la medicina tibetana, véase el anexo 1.

Hacer algo al respecto: Introducción al Mindfulness

Sin duda, la práctica del *mindfulness* puede aportarnos paz, al menos temporalmente. Pero en tradiciones espirituales como el budismo, tiene un propósito mayor, que encaja perfectamente con nuestro deseo de vivir en armonía con el universo digital. El *mindfulness* puede ayudarnos a alcanzar la claridad: una mente libre de las nubes arremolinadas de la distracción. La claridad es la base para crear el espacio y la actitud abierta que pueden conducir a la felicidad genuina, la plenitud que es más profunda que la felicidad disponible en los altibajos de la vida moderna. La claridad es el escenario sobre el que podemos construir una vida con sentido. Cuando practiquemos el *mindfulness* para alcanzar cierta claridad, podremos examinar nuestra interacción con los medios electrónicos y ver específicamente qué actividades digitales son útiles y cuáles son perjudiciales para la armonía que buscamos. El *mindfulness* nos abrirá las puertas al autoconocimiento que necesitamos para comenzar esta tarea.

El trasfondo de pensamientos y emociones descrito anteriormente es lo que trae nuestro condicionamiento al aquí y ahora. Algo desencadena uno de nuestros patrones habituales y actuamos, a menudo de forma automática. Una vez más, gran parte de ese condicionamiento es necesario y positivo. Pero otros aspectos nos hacen esclavos de distracciones que destruyen la paz mental e impiden una actividad enfocada y dirigida conscientemente. Está claro que estos patrones habituales son poderosos. Pero si se comprende su naturaleza y se empieza a trabajar con ellos, se descubre que están hechos de los materiales más endebles y fugaces: pensamientos y emociones. Lo único que les da tanto poder es la repetición. Un pensamiento de ira, de celos, de deseo —cualquier pensamiento— sigue siendo solo un pensamiento. Un sabio dijo una vez: «Aunque enemigos como el odio y el ansia no tienen ni brazos ni piernas, y no son ni valientes ni sabios, ¿cómo es que he sido utilizado como esclavo por ellos?».[12] La naturaleza automática del condicionamiento puede suavizarse con paciencia, presencia y *mindfulness*. A medida que vayamos deconstruyendo estos patrones, seremos capaces de dirigir nuestras vidas de forma consciente y deliberada. Estaremos más centrados y equilibrados. Y empezaremos a crear causas para una felicidad profunda y auténtica.

La práctica del *mindfulness* nos proporciona una actitud abierta inicial para dejar que la luz ilumine nuestra vida y nuestros procesos internos. Con el tiempo, nos permitirá hacer una pausa y reflexionar antes de reaccionar automáticamente a los estímulos internos y externos. Las prácticas *mindfulness* que se presentan en este libro han sido probadas por los budistas durante más de 2500 años. Son algo más que una forma de reducir la velocidad y aliviar la angustia. Atienden a las raíces de la tensión y la distracción y pueden aportar cambios positivos duraderos a nuestras vidas.

A continuación tendrás un preámbulo, que ampliaremos más adelante, de la primera de una serie de prácticas y ejercicios que iré introduciendo para abrir nuestras mentes y emociones y darnos espacio para respirar, actuar y hacer cambios.

1. Siéntate cómodamente en una silla o cojín, manteniendo la columna relativamente recta (también puedes hacerlo tumbado). Si estás sentado en una silla, apoya los pies en el suelo.

2. Puedes tener los ojos abiertos o cerrados.

3. Siente el peso de tu cuerpo donde toca la silla, el cojín, el suelo o el colchón.

---

12 Shantideva. (1981). *A Guide to the Bodhisattva's Way of Life*, trad. Stephen Batchelor (Dharamsala: Biblioteca de Obras y Archivos Tibetanos), p.33. Shantideva fue un monje budista y filósofo indio del siglo VIII.

4. Haz varias respiraciones largas por la nariz. Luego concéntrate en tu vientre y siente su movimiento al respirar.
5. Cuando tu atención se desvíe de esa sensación de respiración, tráela de vuelta suavemente.
6. Si te distraen las imágenes, los sonidos o los sentimientos, déjalos estar; deja que se desvanezcan de forma natural y vuelve a la respiración.
7. Comprueba si puedes mantener esta meditación cómodamente durante cinco o diez minutos, luego respira lenta y profundamente unas cuantas veces y termina la sesión.

Tu objetivo es centrarte en un único objeto para lograr la calma y la concentración. Es importante saber que no se trata de un tipo de concentración tensa y forzada. En lugar de presionarte para lograr la concentración, irritarte cuando te distraes y concentrarte más para conseguir un resultado, aquí *la concentración surge de la relajación* y del retorno suave y repetido al objeto —en este caso, la respiración—. Así que deja de juzgar cómo lo estás haciendo. Ese tipo de tensiones forman parte del mundo de los patrones habituales tensos y agitados que ahora estamos relajando.

Obviamente, esta práctica requiere paciencia. Si no estás acostumbrado a meditar, a hacer una pausa en tu actividad normal y «decidida», el simple hecho de decidir sentarte cinco o diez minutos puede generar impaciencia («¿Estoy perdiendo el tiempo aquí?»). Una vez iniciada la práctica, se requiere paciencia para mantener la calma cuando la atención se desvía y para recuperarla suavemente. Sin embargo, hay recompensas. En algún momento, quizá en la primera sesión, te sentirás agradablemente relajado. También empezarás a sentirte presente, una cualidad que la mente de mono desconoce. Con el tiempo, esta meditación puede empezar a reducir tu nivel de estrés, ese empuje nervioso. Por ahora, piensa en ello como un experimento. Ve cómo va y deja de lado las expectativas. Más adelante, desarrollaremos una práctica *mindfulness* más extendida y profunda.

Una pausa para reflexionar

Ahora revisa la lista que hiciste en el último capítulo detallando tu uso digital. Quizá te resuene más el repaso sobre formación de hábitos y condicionamiento que hemos presentado anteriormente. Tómate un momento para recordar cualquier patrón de pensamiento y emoción incómodo, distractor o negativo que hayas observado en tu vida.

- ¿Te parece que alguno de estos patrones te hace vulnerable a las tentaciones de las *apps* y *software* digitales?
- ¿Te distraes con más facilidad de la que te gustaría? ¿Tu mente tiende a divagar como la del mono de nuestra historia? Puede ser en relación con tareas importantes que requieren tu atención, pero también con el flujo ordinario de tu vida mental y emocional.
- ¿Qué distracciones internas y externas son más propensas a captar tu atención? ¿Por qué eres más sensible a estas cosas que a otras?
- Cuando utilizas tus dispositivos digitales, ¿notas alguna tensión en tu cuerpo? ¿Se te tensan los hombros, la mandíbula, la zona alrededor de las mejillas y los ojos? ¿Te ocurre lo mismo en otras situaciones? Si es así, recuerda estas reacciones físicas habituales.
- ¿Qué cosas te irritan más y por qué? ¿Qué cosas te hacen sonreír? ¿Puedes recordar o imaginar de dónde vienen estos hábitos?

SEGUNDA PARTE

APRENDER A RESPIRAR CON FACILIDAD

Hay una sugerencia habitual cuando te has puesto tan nervioso que casi jadeas: «Respira profundo». Si literalmente respiras profundamente, te pondrás momentáneamente en tierra, te calmarás y estarás en una posición mucho mejor para afrontar eficazmente la situación que se te presenta. Te sentirás mejor.

Hoy en día, un número creciente de personas está tomando conciencia de los problemas causados por nuestra participación en los medios digitales. Se han desarrollado diversas estrategias para hacer frente al consumo excesivo de tecnología. Entre ellas está el *timeboxing*, que consiste en determinar estrictamente nuestras actividades a lo largo del día para limitar nuestro tiempo de uso de los medios digitales. Se ha argumentado que, si se desea sobresalir profesionalmente, puede ser necesaria una abstinencia casi total de los medios digitales.[13] Otro enfoque es el de los campamentos de verano, donde las personas —especialmente niños y niñas— están expuestas a actividades «analógicas» que se consideran más sanas, y que fomentan las interacciones humanas cara a cara. Para la ansiedad y el estrés en general, se han puesto de moda las técnicas *mindfulness* para bajar el nivel de presión y ayudar a «relajarnos».

---

13 Este enfoque lo recomiendan escritores como Cal Newport (2016) en su conocido libro *Deep Work: Rules for Focused Success in a Distracted World* (New York: Grand Central).

Todas estas técnicas pueden ser útiles a corto plazo y en áreas concretas. Pero no me centro en ellas en este libro porque no abordan el problema general del condicionamiento y los patrones habituales que hemos examinado en los capítulos anteriores. No abordan el quid del asunto. Si queremos manejar las distracciones de un modo que nos aporte paz mental, equilibrio y auténtica felicidad, tenemos que detectar las pautas negativas y desarrollar y asimilar plenamente otras nuevas y sanas. Necesitamos nuevos hábitos que actúen orgánicamente para abrirnos en lugar de atarnos. No podemos simplemente lanzar soluciones rápidas y modificaciones menores a algo tan fuerte y automático como los patrones habituales de toda la vida, no si buscamos un cambio significativo en la dirección de la felicidad verdadera y profunda.

3

EXPLORACIÓN DEL ESPACIO INTERIOR: DESARROLLAR PACIENCIA Y RECEPTIVIDAD

Hoy en día estamos muy familiarizados con la impaciencia. Con la paciencia, no tanto. Si eres una persona que utiliza con frecuencia dispositivos digitales como un teléfono inteligente, el ejercicio que hicimos en el capítulo primero —simplemente tocar y observar el teléfono— probablemente te provocó cierta impaciencia. Al fin y al cabo, nuestras conocidas herramientas electrónicas forman parte de los rápidos horarios y rutinas que dominan la vida de muchos de nosotros. Están diseñadas para una rapidez que se equipara a la eficacia. Y cada nueva generación de dispositivos, *software* y velocidad de conexión aumenta nuestras expectativas sobre lo rápido que debe ser «lo rápido». La vía ágil siempre estuvo ahí en el mundo predigital, pero son estos aparatos los que han subido el límite de velocidad. Rara vez los utilizamos de forma despreocupada y relajada.

Pero podríamos. Y si lo hiciéramos, nos veríamos recompensados con una reducción de la tensión, la ansiedad y el estrés. Estaríamos a las puertas de la serenidad. Se trata de un cambio de estilo de vida que hoy nos cuesta incluso imaginar. Y ese mismo espacio creado por la paciencia también mejorará la calidad de todo lo que hacemos, incluido nuestro trabajo.

En los lugares donde los huracanes o los tornados son habituales, cuando aparecen —arrasando y destruyendo todo a su paso en cuestión de segundos— la gente debe encontrar un lugar donde refugiarse. Eso puede significar un sótano para tormentas o alejarse lo más posible del lugar del torbellino. La mayoría de nosotros no describiría nuestras rutinas diarias como huracanes. Pero el tipo de velocidad e intensidad que hoy consideramos normal era el extremo en el viejo mundo analógico. En 1900 o incluso 1950, personas tan veloces como la mayoría de nosotros hoy habrían sido descritas como «encaminadas a un ataque de nervios». La confirmación de esta tendencia general hacia la velocidad, la ansiedad y el estrés en la vida cotidiana son los numerosos antídotos contra ella procedentes de la ciencia médica, la psicología y la medicina alternativa, junto con la popularidad de las tradiciones asiáticas de medicina y desarrollo espiritual (principalmente la meditación). Existen incluso numerosas aplicaciones de meditación y relajación, así como estudios de yoga y meditación, todos ellos dirigidos a trabajadores estresados, amas de casa, padres solteros, académicos... en fin, a todo el mundo.

Cuando empezamos a sentir los efectos de nuestro estilo de vida moderno —ya sea cuando aún somos jóvenes y enérgicos o más tarde, cuando empezamos a estar agotados por él—, buscar refugio de estas tormentas empieza a tener sentido. Necesitamos crear un espacio para respirar dentro de nuestras vidas y ampliar y explorar ese espacio. Ya hemos conocido un tipo de refugio: la meditación *mindfulness*. Sí, esta meditación nos refrescará cuando nos encontremos con picos de estrés. Pero si la practicamos con constancia y profundizamos en ella, cambiará por completo el tono de nuestras vidas. Una forma de hacerlo es entrenándonos para ser personas pacientes.

Para crear de la meditación *mindfulness* una herramienta o refugio útil, es necesario que se convierta en un hábito. Averigua si puedes encontrar uno o dos intervalos breves en tu día en los que te sea posible practicar regularmente la secuencia que presenté al final del segundo capítulo. A medida que progreses —acostumbrándote cada vez más a la práctica de la meditación—, las sesiones se alargarán de forma natural y cómoda. No es necesario forzarlas. De este modo, amplía gradualmente tus sesiones hasta veinte o treinta minutos cada una. Y procura encontrar un momento y un lugar en los que el ambiente sea tranquilo y el entorno agradable para reforzar positivamente tu periodo de meditación. Puedes encontrar o comprar un cojín cómodo o utilizar una silla favorita que te permita mantener una postura erguida y cómoda. Encender una vela o una varilla de incienso no es necesario, pero si te resulta atractivo, ¿por qué no? Incluso puedes utilizar una campana o un cuenco tibetano para empezar y terminar las sesiones, si eso te resulta interesante. Sea como sea, recuerda que estás creando un espacio de refugio para ti, una base positiva a partir de la cual puedes forjar una vida interior más confortable. Ah, ¡y acuérdate de apagar el móvil cuando medites!

Una vez más, recuerda que no debes forzar la meditación con el tipo de exigencias y expectativas a las que puedes estar acostumbrado. Deja que las recompensas del *mindfulness* surjan de la propia práctica —tu atención en la respiración—. Con el tiempo, a medida que adquieras experiencia con la meditación y prolongues un poco más tus sesiones, puede que te encuentres entrando en estados muy tranquilos en los que el pensamiento se ralentiza o incluso parece detenerse. Cuando esto ocurra, desplaza tu atención de la respiración a la sensación de serenidad y calma en sí misma. Este objeto de atención es más sutil. Cuando pierdas la atención en la calma, vuelve a la respiración.

Introducción a la posmeditación

Una vez que hayas desarrollado cierto disfrute y estabilidad realizando sesiones regulares en el cojín, es el momento de introducir la meditación *mindfulness* en momentos seleccionados de tu rutina diaria activa. Esto se denomina «posmeditación» —instantes *mindfulness* integrados en la vida cotidiana—. Estos momentos se apoyan en tus sesiones formales de meditación. Con el tiempo, pueden ampliarse para abarcar todo el periodo en que estás despierto, pero esto es algo que, para la mayoría de nosotros, ocurre muy gradualmente a lo largo de los años.

La posmeditación puede ser un poco como parar a los pilotos de carreras en mitad de un recorrido para tomar un breve café antes de continuar la competición. Dado que en nuestro caso la «carrera» es la precipitación de nuestros hábitos arraigados, al principio tendremos que introducir estos momentos de calma de forma muy deliberada y durante breves periodos. Se puede practicar el *mindfulness* como posmeditación en cualquier lugar y en cualquier momento, pero hay pausas naturales en la mayoría de nuestras rutinas que son más convenientes.

Hacer cola es una buena oportunidad. Hay colas en la oficina de correos (o en el banco, el supermercado, en la cafetería, la gasolinera; donde quieras). Normalmente, en esos momentos nuestra mente vaga inquieta. «¿Cuánto vamos a pagar?» «¿Pagaremos en efectivo, con tarjeta de crédito o con una *app* de pago en el móvil?» «¿Tenemos los formularios adecuados?» «¿Tenemos tiempo para otro recado?». Y así sucesivamente. Cuando te encuentres en una de estas situaciones, comprueba si tu mente está acelerada o ansiosa y si partes de tu cuerpo se han tensado. Solo con eso ya puedes hacer una pequeña pausa. A continuación, sigue tu respiración durante un rato. Por último, date una palmadita en la espalda y sonríe, porque has hecho algo extraordinario.

Si sales a correr por las mañanas, ¿puedes interrumpir tus pensamientos y fantasías para sentir la planta de tus pies o el aire en la mejilla? Si trabajas en un despacho, ¿puedes hacer una pausa para el café en la que estarás durante unos minutos solo o sola? Si es así, podrías contar varias rondas de diez respiraciones y tomar nota de cómo te hace sentir. Dado que cada uno de nosotros tiene una rutina diferente, lo primero que podemos hacer es enumerar las oportunidades de hacer una pausa como las sugeridas anteriormente. Empieza por encontrar uno o dos huecos breves en tu horario que puedas aprovechar cada día. No hagas pausas largas ni intentes meditar en momentos en los que tengas que dedicarte a otras actividades.

He aquí algunas sugerencias más:

- De vez en cuando, ralentiza el ritmo al que tecleas en tu ordenador, tableta o teléfono móvil.
- Cuando vayas a hacer una llamada, haz una pausa y respira antes de marcar.
- Fíjate si lavas y secas los platos rápidamente. Si es así, reduce el ritmo.
- Haz lo mismo al preparar la comida, como cortar zanahorias o cebollas.
- Cuando limpies tu casa, tómate tu tiempo.
- Cuando vayas de compras, hazlo sin prisas.

Propón tus propias ideas para este ejercicio.

Se necesita un momento de autoconsciencia para recordar e iniciar estos ejercicios. Y funcionan mucho mejor si te concentras en lo que estás haciendo en lugar de dejarte llevar por tus pensamientos. Cuando pierdes el contacto con el presente y te dejas llevar, es probable que vuelvas a tu antiguo ritmo más rápido.

Como el condicionamiento con el que trabajas suele ser hermético y se resiste a los cambios, tendrá la naturaleza de la impaciencia. Por lo tanto, tus mini meditaciones serán actos de paciencia. Al principio necesitarás mucha disciplina tan solo para iniciar la pausa. Pero continúa. Cada sesión posterior a la meditación te aportará un momento de autoconsciencia que empezará a abrir tu vida, a despertarte a ella. Traerá un soplo de aire fresco tanto a tus pulmones como a tu estilo de vida. Haciendo este ejercicio, crearás gradualmente una base desde la que podrás tomar un mayor control de tu tiempo y tu ritmo. Puede que a veces estas sesiones no funcionen o no te lleven muy lejos, pero ten paciencia con eso también; no te predispongas a la decepción o a la negatividad creando expectativas rígidas de éxito. Relájate también en eso.

La paciencia es una cualidad importante que hay que cultivar; poco a poco irá limando y suavizando el tono general de tu vida a través de la posmeditación. Cuando te encuentres de repente con una de esas situaciones difíciles de la vida que evocan emociones fuertes como el enfado, la ira o el odio, o una expresión extrema de deseo —cosas que te desequilibran—, dite a ti mismo: «¡Tengamos paciencia!». Hacer esa pausa creará una reacción física, mental y emocional que te enraizará. Experimentarás un momento de serenidad y objetividad que puede evitar que crees una situación difícil para ti o para los demás. Como se suele decir: «Mira antes de cruzar». Cuanto más pienses y practiques la paciencia, más fluida será la vida y mayor será la independencia de las distracciones mentales y emocionales de la vía rápida. Habrás observado que las personas pacientes y relajadas atraen a los demás y las impacientes y nerviosas los repelen. Practicar la paciencia te convertirá en una de las primeras.

Paciencia natural

El entrenamiento mental para desarrollar la paciencia que acabo de describir se hace caso por caso, empezando con una o dos situaciones sencillas y ampliando lentamente a muchas de tus actividades. Gradualmente aflojarás tus patrones habituales más tensos y surgirá una cualidad relajada y espaciosa. Sin embargo, existe una cualidad de paciencia natural, sin esfuerzo e innata en la mente-corazón de cada uno de nosotros.[14] Condicionarnos conscientemente a la paciencia y familiarizarnos con ella nos llevará a descubrir esta cualidad natural. Puede que incluso nos

14 «Mente-corazón» se refiere a la mente de la sabiduría que conoce directamente, intuitivamente.

surja de la nada. En cualquier caso, empezaremos a conectar con el lado sabio de nuestra naturaleza. Es una parte de nosotros que siempre está disponible, pero que no percibimos porque somos muy rápidos y distraídos. Nuestros condicionamientos —ya provengan de nuestra educación o del mundo digital— actúan como un banco de niebla que oculta esta conciencia hermosa y abierta. A medida que esa niebla se vaya despejando, empezaremos a actuar desde la cualidad sabia de la paciencia.

La sabiduría de la que hablo —ya sea la de la paciencia o la de cualquier otro rasgo saludable— tiene una cualidad espontánea. Hay una experiencia de unidad, de que las cosas no están tan separadas ni son tan dualistas. En cierto modo, aparece como un regalo, sin esfuerzo. Y las palabras que estoy utilizando no le hacen justicia. Nos iremos introduciendo en esta parte de la sabiduría del entrenamiento muy gradualmente. Pero no te sorprendas si de vez en cuando experimentas esta libertad abierta sin previo aviso. Cuanto más receptivo estés a ella, descubriendo y dejando de lado tus opiniones, prejuicios y puntos de vista, más a menudo sucederá. Hará que sonrías por ello.

Actitud abierta

Se necesita paciencia para desatar un nudo complicado, para aflojar los espacios estrechos entre las hebras de la cuerda. Del mismo modo, una actitud abierta nos da el espacio necesario para vivir con mayor calma, concentración y serenidad.

Me gusta considerar la actitud abierta en tres niveles. Todos estamos familiarizados con el primero. Cuando éramos pequeños, nos enseñaron a ser educados, a ser «simpáticos» en vez de groseros y bruscos. Es una norma social común, parte del autocontrol que los padres intentan enseñar a sus hijos. Dudo que exista una sociedad en la que se fomenten las interacciones negativas entre sus miembros. Si alguien visita tu casa, es tu invitado e intentas tratarlo con educación. Si eres propietario de una tienda o tienes otro tipo de negocio, intentas mantener una actitud amistosa con tus clientes, sabiendo que es bueno para tu negocio. Todo director o empleado de oficina o fábrica sabe que mantener unas relaciones fluidas y amistosas es más agradable y —en la mayoría de los casos— más productivo que trabajar en ambientes tensos y combativos. Imagino que esto es así en todas partes.

Mantener este tipo de actitud abierta y receptiva no siempre es agradable y requiere disciplina. Un vendedor puede no disfrutar atendiendo día tras día a clientes cuyas preguntas y demandas pueden resultar agotadoras o exasperantes. En el entorno de oficina suele haber conflictos de personalidad que hay que inhibir. Pero como dependemos de los clientes y compañeros de trabajo para ganarnos la vida y de nuestros amigos, familiares y otros conocidos para tener una vida emocional cómoda, tenemos que abrirnos a ellos. Tenemos que abrirnos lo suficiente para prestarles atención, ya sea para proporcionar los bienes y servicios que los clientes quieren comprar o para mantener nuestras conversaciones amistosas. Por supuesto, se trata de un ideal, pero las sociedades funcionan porque generalmente este se cumple. Así que, en su mayor parte, este tipo de actitud receptiva es un condicionamiento que aprendimos al crecer, y es algo mecánico en su aplicación en la vida cotidiana. Pero sigue siendo bueno y constituye una base potencial para facilitar la apertura al mundo aún más.

Este primer nivel básico de actitud no es voluntario, y la mayoría de las veces lo haces por interés propio. Sigues una norma. Pero en el segundo nivel de actitud abierta y receptiva, la voluntad personal de abrirse crea una atmósfera diferente. Aquí nos relacionamos con los demás en su propio beneficio y en el nuestro. Ejercemos la empatía. Hay un mayor reconocimiento de los demás y de sus intereses, y de nuestra necesidad de incluirlos en nuestras actividades. Esto puede suponer un reto porque, en este caso, mostrarnos abiertos significa que no somos tan protectores con nosotros mismos: estamos dispuestos a ser vulnerables. Decides formar parte de una situación que incluye a otros.

Para usar una metáfora: el primer nivel de actitud abierta es como conducir por un barrio. Puedes coger algunos detalles —una casa, un árbol bonito, una persona caminando—, pero la mayor parte del tiempo, tus ojos están sobre la carretera, concentrados en llegar a tu destino. El barrio no es más que un obstáculo en el camino. El segundo nivel de actitud abierta es como ir por ese mismo barrio, pero esta vez caminando. Como te mueves más despacio y no estás encerrado en un coche, ves más detalles y puedes interesarte más por lo que te rodea. Estás más disponible para lo que aparezca.

Las actividades de este segundo nivel pueden ser tan sencillas como visitar a los amigos porque realmente quieres saber cómo están. Observas y escuchas atentamente. Estás abierto a cualquier interacción que se produzca. Puede que te den las gracias, te ofrezcan té o te pregunten cómo estás también. Por otro lado, puede que te cierren la puerta y te digan: «Ahora no, estoy ocupado». O puede que te pidan un préstamo o que cuides de uno de sus hijos durante un par de horas. Puede ser desagradable, pero tu propia actitud receptiva hace que las negatividades sean más fáciles de manejar: «No puedo prestarte cien dólares ahora, pero ¿qué tal cincuenta?». Si, por ejemplo, participas en algún tipo de grupo que trabaja en beneficio de los demás o simplemente en un proyecto grupal interesante, la actitud receptiva de las personas implicadas crea una experiencia positiva aunque no se alcancen los objetivos del proyecto. No existe la misma tensión que en una empresa, donde la facilidad para abrirse es más limitada y la consecución de los objetivos primordial.

En este estado de receptividad en el que deseas beneficiar a los demás, tú también resultas siempre beneficiado. Tu actitud abierta y la inspiración que esta imparte aumentarán, atrayendo más y más gozo a tu vida. Básicamente, esto se debe a que todo lo que experimentamos en la vida está determinado o adobado por nuestra mentalidad. Las expectativas cerradas crean tensión, mientras que las expectativas abiertas —más centradas en el proceso y el compañerismo que en el resultado— crean espacio y comodidad. Abrirse en este segundo nivel requiere una voluntad activa y consciente de bajar la guardia, de eliminar algunos de los límites entre nosotros y los demás; condicionamientos que podemos haber adquirido de jóvenes o más tarde. Puedes decirte a ti mismo: «Creo que puedo abrirme más, y creo que esto significará una vida más feliz y serena. ¡Sí, puedo hacerlo!».

Practicar la actitud abierta

He aquí algunas formas eficaces de abrirse más a este segundo nivel. Si sueles ir en coche o en transporte público al trabajo o a otra actividad habitual, busca la forma de interrumpir el trayecto para que durante un rato estés caminando. Aparca el coche más lejos de tu destino, da un pequeño paseo antes de entrar en él o bájate del autobús o el tren una parada antes. Calcula un tiempo extra para poder hacer esto. A continuación, camina despacio y mira a tu alrededor. Fíjate en lo que te rodea y observa si hay algo que te interese. Puedes anotar cualquier cosa interesante que veas (u oigas, o huelas o sientas). Puedes empezar haciendo un diario para ello, hasta que este ejercicio se convierta en un hábito. Lo importante es no tener prisa y estar receptivo a nuevas experiencias.

Ve a un sitio nuevo. Si estás acostumbrado a ir a un lugar concreto de vez en cuando —un restaurante, una cafetería, un barrio, un teatro, una biblioteca, un evento deportivo, un parque, etc.—, rompe esa rutina de vez en cuando y ve a un sitio completamente nuevo para ti. Ábrete a ese nuevo entorno y toma nota de lo que ves y experimentas. De nuevo, hazlo con calma y serenidad. Observa cómo respiras y cómo caminas. Mantente simplemente abierto.

Intenta hacer algo que no hayas hecho nunca. Si nunca has asistido a una representación teatral, ve a una y ábrete a la experiencia. Ve a un restaurante que sirva algo nuevo para ti —quizá nunca hayas probado la comida árabe, o japonesa, etíope, escandinava, por poner un ejemplo— y ábrete a los sabores nuevos e inusuales. Escucha música en directo de estilos con los que no estés familiarizado. Si no te gusta bailar, ¡ve a bailar! Ya te vas haciendo una idea. Haz algo fuera de lo común y ve cómo te va. Puede que te resulte refrescante.

Para muchos de nosotros, las formas más difíciles de abrirnos son con las personas. Intenta hacer un favor espontáneo a alguien, como ofrecerle algo que valore. En un café o cafetería, invítale una bebida a un desconocido. Podrías ofrecerte a llevar en coche a un vecino o compañero de trabajo. Invita a un conocido a una fiesta. Puedes pasar a animar a alguien que esté enfermo o deprimido (procura hacerlo para que *ellos* se diviertan y no porque quieras un «gracias»).[15]

Otras posibilidades son actividades como unirse a un grupo de danza folclórica o a un club de idiomas, tomar clases de tai chi o aprender a tocar un instrumento musical. Podrías también enseñar algo que se te da bien. La idea es probar algo que normalmente no se te ocurriría hacer, algo que vaya en contra de tu estilo y esté fuera de tu zona de confort. Asegúrate de que lo que elijas implique una interacción presencial, en frente de alguien.

Estas son solo algunas posibilidades para que estimules tu imaginación. Si te das cuenta de la importancia de participar de vez en cuando en este tipo de actividades nuevas e incluso inesperadas, serás más espontáneo. Y la espontaneidad es la esencia de la actitud abierta.

---

15 Estudios recientes han demostrado que incluso los pequeños actos de bondad aleatorios crean un mayor impacto positivo en el destinatario de lo que la mayoría de nosotros imaginamos. Véase Pearson, Catherine. (2022). The Unexpected Power of Random Acts of Kindness. *New York Times*, 2 de septiembre de 2022.

Actitud abierta natural: *Espaciosidad*

Vivir en el segundo nivel puede llevarte eventualmente a un lugar donde empiezas a ver que todo en el universo —tú mismo, otras personas, otros seres, todos los fenómenos— está interconectado. En lugar de estar abierto a las cosas pieza por pieza, de una en una, aquí hay un sentimiento subyacente, una visión espaciosa donde con cada respiración hay una sensación de vida, inspiración y vitalidad. Este es el tercer nivel. Puede llegarte gradualmente o de repente, tal vez al estar en un entorno naturalmente bello o al escuchar palabras o música inspiradoras.

Una visión espaciosa de la vida puede formar parte de nosotros cuando nos proponemos abrir la mente-corazón todo lo posible. La espaciosidad de la que hablo es la energía que genera esa actitud receptiva. Es un reflejo, un atributo, de la gran receptividad: una cualidad espiritual. Tiene la naturaleza del amor y la compasión. Y este nivel es un gran refugio y protección frente a los altibajos de la vida y la ansiedad y el estrés que suelen provocar. Aquí somos capaces de aceptar la vida de forma totalmente relajada. No importa si nos enfrentamos al sufrimiento o al gozo. Esta actitud receptiva aporta una relajación y una espaciosidad que sostienen una mentalidad más sana, aportando fuerza y equilibrio a nuestra mente y a nuestro cuerpo.

Este tercer nivel es la *actitud abierta incondicionada*. Estamos disponibles para ella en todo momento y en todas las situaciones. Impregna nuestra vida y siempre aporta un beneficio inmediato. Una vez que hemos llegado a este nivel, no tenemos que practicar la receptividad de forma mecánica porque simplemente está ahí, y siempre ha estado ahí como atributo natural de la mente-corazón, «alma» o «espíritu» humano. En realidad, no la hemos creado. El segundo nivel puede ponernos en contacto con dicha actitud incondicionada y entonces, al estar disponibles para ella, la *descubrimos*.

En la práctica, abrirse más allá del primer nivel, muy condicionado, es muy sencillo. No hace falta ser una persona «espiritual» ni formarse mucho en prácticas como la meditación. La práctica consiste simplemente en abrirse a las experiencias de la vida cotidiana. Te esfuerzas al máximo y ves hasta dónde puedes abrirte a medida que atraviesas los tres niveles. Como ya se ha dicho, una buena forma de familiarizarse con la actitud abierta y cultivarla es pasar todo el tiempo posible en la naturaleza. El mundo natural es espacioso y está libre de los pensamientos enredados que a menudo nos atan. Puede relajarnos e inspirarnos. Si estamos atentos y dispuestos, podemos dejar nuestros problemas atrás cuando entramos en un parque, escalamos una montaña o ladera, o caminamos descalzos por la playa.

Cuando empieces a incorporar estas actitudes más abiertas y estas nuevas prácticas a tu vida diaria, también es importante que lo hagas gradualmente y con una actitud relajada. Adoptar ese enfoque es en sí mismo una práctica poderosa que contrarresta y suaviza la tirantez y el empuje que crean ansiedad, estrés y falta de equilibrio. Así que no hagas de este uno de esos «grandes proyectos» que pueden atraer un exceso de nerviosismo y tensión. Este es un consejo clave que repetiré una y otra vez a lo largo de este libro.

4

APLICACIÓN DEL MINDFULNESS EN LA COTIDIANIDAD

Ya hemos empezado a explorar el *mindfulness* como una meditación formal, en la que, sentados, nos concentramos en la respiración. También he hecho sugerencias para incorporar la serenidad a nuestras actividades cotidianas. En este capítulo combinaremos estos dos enfoques de una forma más organizada y poderosa. Aquí aplicaremos el *mindfulness* a nuestro cuerpo, nuestros sentimientos, a los fenómenos y a nuestra mente. Esto se deriva de una práctica budista tradicional llamada «las Cuatro Aplicaciones (o Fundamentos) de la Consciencia Plena [o *Mindfulness*]». Al hacerlo, desarrollaremos cierta flexibilidad e independencia de los impulsos automáticos de nuestros patrones habituales: nuestros condicionamientos y distracciones. Cuando nos hacemos más conscientes de las sensaciones y actividades de nuestro cuerpo, de la naturaleza de nuestros sentimientos, de cómo vemos e interactuamos con las cosas que percibimos y de cómo funciona nuestra mente, podemos identificar y liberarnos de los patrones que pueden provocar ansiedad y estrés y que nublan nuestra comprensión de la realidad. A medida que el *mindfulness* se fortalece en nosotros, seremos más capaces de advertir y contrarrestar las distracciones, y nuestra capacidad de relajación mejorará. También empezaremos a disfrutar de un mayor dominio sobre nuestras actividades.

Una vez más, te sugiero que evites tratar estas prácticas como proyectos ordinarios en los que se fijan objetivos, se tienen expectativas y se trabaja de forma rigurosa y metódica para tener éxito. Sí, queremos progresar y mejorar. Pero la actitud unidireccional y orientada al éxito está en el corazón de muchas de nuestras actividades que causan tensión, rapidez y ansiedad. Si nos mantenemos relajados, abiertos y exploradores —pero perseveramos con suavidad— permitiremos que estas prácticas penetren en nosotros y nos suavicen como un masaje relajante aplicado a los músculos tensos.

Dado que los ejercicios que se indican a continuación pueden ser nuevos para ti y deben realizarse en la vida cotidiana, el primer paso consiste simplemente en acordarse de hacerlos. No requieren mucho tiempo dentro de tu horario normal, pero al principio puede ser fácil olvidarse de ellos y seguir con su flujo habitual. Tanto si estableces momentos específicos durante el día para hacerlos, como si eres más espontáneo, o ambas cosas, hacer una sesión matutina de *mindfulness* a diario es un buen momento para recordarte a ti mismo esta nueva intención. Visualiza los momentos y lugares del día en los que practicarás estas formas de consciencia plena. Después, la próxima vez que hagas meditación sentada, o quizá cuando te estés preparando para ir a dormir, comprueba con qué frecuencia te has acordado de hacerlas. Este proceso de control te ayudará a ser más consciente de ti mismo.

Ser consciente del cuerpo

Uno de mis alumnos decidió terminar sus dos últimos años de universidad en un solo año. También trabajaba a tiempo parcial. Descubrió que podía lograrlo durmiendo exactamente cuatro horas por noche y dedicando las veinte horas restantes a un horario riguroso. Terminó los cursos y se licenció, pero al acabar el curso, colapsó. El mero olor del café —que bebía para mantenerse despierto— le hacía temblar de estrés. Afortunadamente era joven y sano y consiguió volver a una vida más relajada.

Como nuestra mente es tan rápida y se distrae con tanta facilidad, a menudo abandonamos el cuerpo. Perdemos la conciencia de ello y lo dejamos en automático mientras nuestra atención sigue a la mente ocupada. Es fácil que eso ocurra porque el cuerpo tiene un ritmo naturalmente más lento que la mente. Pero aun así, el pensamiento raudo y el esfuerzo exagerado aceleran nuestro sistema nervioso, empujando al cuerpo más allá de su zona de confort, y este es uno de los principales componentes del estrés. Mi alumno lo descubrió por las malas. Y cuando el cuerpo empieza a sentirse ansioso y asqueado, la mente lo capta y empieza a preocuparse. Ambas cosas se refuerzan mutuamente, creando un círculo vicioso que nos desequilibra cada vez más. Cuando esto va demasiado lejos —hasta una «crisis nerviosa»—, la mayoría de la gente acude al médico y le recetan tranquilizantes, somníferos y otros medicamentos.

Cuando trabajamos en la dirección opuesta —siendo conscientes de nuestro cuerpo—, la velocidad naturalmente más lenta del cuerpo ayudará a calmar y anclar la mente. Así que, idealmente, en cada acción física que realizamos —grande o pequeña— podemos mantener la consciencia. Conectamos la mente con el cuerpo. Y esta conexión beneficiará enormemente al cuerpo. Esto le aportará relajación, que es una de las cosas más beneficiosas que puedes hacer por tu salud. Los atletas experimentados saben cómo deben moverse partiendo de la relajación. Esta conexión mente-cuerpo también puede ayudarte a lidiar con el dolor físico. En lugar de centrarte automáticamente en una parte del cuerpo que te duele, extiende la atención al cuerpo en su conjunto. El dolor disminuirá. Tu atención reorientada puede convertirse en una forma muy poderosa de curación.

Cuando practicamos el *mindfulness* al cuerpo mientras estamos sentados, podemos empezar con la respiración y luego ampliarla a todas las demás sensaciones físicas. Podemos sentir el peso de nuestro cuerpo concentrado en las nalgas, los abdominales y la parte inferior de los muslos. Podemos sentir el peso de las manos sobre las rodillas o en el regazo. De hecho, podemos sentir la atracción de la gravedad en cualquier parte de nuestro cuerpo si estamos lo suficientemente atentos. Podemos sentir el pulso de los latidos de nuestro corazón. Podemos sentir la temperatura del aire sobre nuestra piel y las sensaciones táctiles de nuestra ropa contra esta. La atención desarrollará nuestra sensibilidad.

Luego podemos extender esta práctica a nuestras posturas y a nuestro cuerpo en movimiento. Nuestras posiciones principales son estar de pie, caminar, sentarnos y tumbarnos. Cuando te acuestes por la noche, tómate un momento para relajarte y sentir la postura y decirte a ti mismo: «Estoy aquí tumbado». Es un momento de presencia. Después, déjalo ir. Cuando camines, haz lo mismo: siente tu cuerpo en movimiento; concéntrate en los pies, las piernas, los brazos oscilantes, el torso, la cabeza o el cuerpo en su conjunto, y dite ti mismo: «Estoy caminando». Comprueba durante cuánto tiempo puedes mantener esa consciencia. Haz lo mismo cuando estés de pie y cuando estés sentado. En algún momento querrás estar presente en las transiciones de una postura a otra. Si perseveras en ello, tu cuerpo empezará a funcionar como un recordatorio de que debes estar presente.

El objetivo no es estar continuamente pendiente de la postura y el movimiento, sino prestar atención de vez en cuando. Cuando decidas dar un paseo o estés trabajando en tu escritorio, puedes traer la intención de permanecer con tu cuerpo todo el tiempo que puedas. O puedes empezar a fijarte en tu postura espontáneamente en algún momento del día. No te juzgues cuando descubras que te has olvidado de hacerlo. Vuelve a la práctica de forma suave y positiva. Estás dando pasos importantes para relajarte y aportar paz, gozo y concentración a tu vida.

Mantén siempre esa motivación positiva. La mejora llegará de forma natural, a su propio ritmo.

Las demás sensaciones físicas también pueden formar parte de esta meditación dinámica: sabores, olores, vistas, sonidos y toda una variedad de sensaciones táctiles. De este modo, extendemos la consciencia del cuerpo a áreas que a menudo damos por sentadas. Nos damos cuenta fugazmente de que probamos un sabor o sentimos una brisa en la mejilla o la sensación de calor del sol en la piel. Pero no profundizamos mucho en estas sensaciones. Si les prestamos más atención, pueden convertirse en fuentes de gran placer, como la sensación refrescante de una ducha fresca en un día caluroso.

SUGERENCIAS PARA LA PRÁCTICA

Si practicas *mindfulness* de la respiración a diario, este ejercicio te proporcionará una base a partir de la cual podrás ampliarla a otras zonas del cuerpo. Al final de la sesión, puedes intentar escanear tu cuerpo, empezando por la parte superior de la cabeza y bajando hasta los pies. Relájate y percibe las sensaciones «en bruto», sin comentarios mentales.

He aquí algunas situaciones comunes en las que puedes explorar la ampliación del *mindfulness* del cuerpo:

En la naturaleza: paseando, haciendo senderismo, en bicicleta, nadando en parques, lagos, ríos, en el océano, sentado tranquilamente en un bosque. Intenta dejar atrás la velocidad de la vida cotidiana. Camina sin prisas. Rueda por una ladera cubierta de hierba con los ojos cerrados y siente el suelo, la hierba y las hojas mientras giras.

En el agua: cuando te bañes, te duches o nades, ábrete completamente a las sensaciones del agua sobre tu piel. No pongas barreras a las sensaciones de humedad, frío o calor. Flota, sumérgete bajo el agua, haz *body surf*. Relájate por completo y deja ir tus pensamientos mientras experimentas un océano de sensaciones.[16]

Viendo fuegos artificiales: un espectáculo pirotécnico creativo y bien presentado debe ser totalmente cautivador. Déjate llevar por las formas y los colores, los sonidos de los fuegos artificiales al estallar, el olor de la pólvora. Una hoguera o incluso el fuego de una chimenea son una experiencia similar.

Escuchando música o cualquier sonido: intenta pasar tiempo con música que no tenga letra para evitar que tu mente se ponga a pensar. Permanece en el presente y escucha atentamente, completamente absorto. No juzgues y simplemente sé consciente de los sonidos que se suceden. También puedes escuchar sonidos como una cascada, el viento, el tráfico lejano, pájaros, grillos, saltamontes... cualquier cosa. Escúchalo como un sonido puro, sin prejuicios.

Paseando por un parque o un barrio: haz esto en un lugar desconocido. Balancea suavemente la cabeza de un lado a otro, capta las vistas y rápidamente déjalas ir. Experimenta sensaciones visuales puras. Esto puede ser muy refrescante.

Asimila olores: ve a una panadería, cierra los ojos e inhala el olor a pan y bollería. Haz lo mismo junto a un río contaminado. Observa cómo la temperatura del aire y el cambio de estación afectan a los olores del exterior.

Degusta sabores: Compra una variedad de frutas, coloca una de cada en una cesta y, a continuación, dale un mordisco a cada una con los ojos cerrados. Muerde y mastica despacio. Saboréalo todo sin juzgar si te gusta o no.

Ya te haces una idea. Se te pueden ocurrir muchas más oportunidades para prestar atención a tus sensaciones corporales. Lo importante es que recuerdes que el objeto de tu atención son las sensaciones en sí mismas, no tus reacciones ante ellas. Con el tiempo, las prácticas *mindfulness* dirigidas al cuerpo no solo te

16 Los aficionados al surf conocen muy bien esta experiencia de ser uno con las olas. Otros deportistas también salen a la búsqueda de esos «puntos dulces».

permitirán superar la distracción y los patrones habituales, sino que también enriquecerán enormemente tu vida.

Ser consciente de los sentimientos

Podemos ampliar nuestra experiencia de las sensaciones físicas para comprender mejor nuestros sentimientos positivos y negativos. Estos sentimientos son algo más que simples sensaciones físicas. Junto con las sensaciones y procedentes de nuestros patrones habituales —nuestro condicionamiento—, traemos una larga lista de preferencias: lo que nos gusta y lo que no, lo que queremos y lo que no, lo que amamos y lo que odiamos, etc. Al superponer juicios sobre las cosas, cambiamos nuestra experiencia de ellas. Podemos observar cómo aplicamos estas preferencias a tres aspectos básicos de nuestro funcionamiento: el cuerpo, el habla y la mente.

Una vez que hemos llevado un *mindfulness* mayor a nuestro cuerpo a través de sus sensaciones, empezamos a observar que la mente juzga lo que el cuerpo siente. Si la mente espera algo que cree que es positivo (por condicionamiento), entonces «te sientes bien» y estás contento. Pero si la mente tiene una expectativa diferente de lo que aparece, emite un juicio negativo («se siente mal») y el cuerpo pierde la calma, la paz y la satisfacción, y a menudo se distrae, se pone nervioso y pierde la atención. Tienes una «experiencia negativa».

Se puede observar fácilmente que esto ocurre con todas las sensaciones físicas: tacto, olfato, gusto, oído y vista. Por ejemplo, con el gusto. Preparas una nueva variedad de té y le das un sorbo. La mente juzga «bueno» o «malo» según tu condicionamiento en cuanto a los sabores que prefieres. Puede ser que te guste un té que sea ácido. Si no, no te gusta. Mientras tanto, tu amigo del otro lado de la mesa que está probando el nuevo té puede tener una opinión totalmente diferente. Puede que a ti te guste el nuevo. Puede que tu amigo lo odie.

Pero en la degustación de la nueva bebida, ambos os distraéis con vuestras preferencias y experimentáis el té a un nivel relativamente superficial. Si puedes aplicar un poco el *mindfulness* y la actitud receptiva que viene con él, puedes experimentar el sabor de una forma pura e imparcial que introducirá una experiencia nueva y más profunda y no te distraerá hacia la falta de una consciencia plena. Puedes tener una experiencia mucho más amplia y liberadora que si estuvieras sesgado por las expectativas habituales. Quizás los catadores profesionales de té, café y vino experimenten los sabores de esta manera.

Lo mismo ocurre con algo como el clima. Las temperaturas altas o bajas o las condiciones húmedas o secas no determinan necesariamente cómo te sientes ante estas experiencias. Si tienes la costumbre de evitar el frío, intenta relajarte cuando haga frío en lugar de temblar y tensar el cuerpo. Sé consciente de las sensaciones sin juzgarlas y puede que tengas una experiencia nueva y sorprendente que vaya más allá de «bueno o malo». Esto puede ser muy liberador. De hecho, es una forma de meditación llamada «*one taste*».[17]

Del mismo modo, las cosas no huelen bien o mal en sí mismas. Todo tiene su propio olor característico. Es un mundo de sensaciones que merece la pena explorar. Lo mismo ocurre con las cosas que ves o escuchas. El arte de la música, el cine y la pintura han demostrado que cuando aparecen nuevos enfoques pueden provocar resistencia y negatividad. Luego, en algún momento, se produce un cambio: el público empieza a abrirse a la nueva forma de arte, a «entenderla»; pero la pintura o la composición musical en sí no han cambiado en absoluto. Un buen

17 Podría traducirse como «sabor único». La o*ne taste* es una técnica meditativa avanzada específicamente relacionada con el Mahāmudrā (método budista que conduce a la naturaleza propia de la mente). Consiste en comprender que todas las apariencias, experiencias y fenómenos, a pesar de su diversidad, comparten una esencia única e indivisible. Es como ver el mundo como una expresión de una misma realidad fundamental. [N. del T.]

ejemplo es el ballet de Igor Stravinsky *La consagración de la primavera*, que se estrenó en París en 1913. Se le apodó «El motín de la primavera»[18] porque al principio provocó un escándalo. En la actualidad, las orquestas de todo el mundo interpretan sin controversia esta música que en su día causó furor.

Nuestra experiencia del discurso incluye lo que decimos —junto con el parloteo de nuestra mente— y lo que oímos hablar. Lo que leemos también puede incluirse aquí. No es difícil darse cuenta de la opinión que nos merecen las experiencias discursivas. A menudo juzgamos lo que decimos, oímos y leemos. Pero las experiencias en sí no son más que sonidos (incluidos los sonidos interiorizados de lo que leemos). De nuevo, cuando hacemos juicios negativos y positivos, nos distraemos del cómodo equilibrio del *mindfulness* y nos cerramos a la experiencia más abierta y espaciosa que podemos tener del discurso en sus múltiples formas. ¿Por qué no escuchar simplemente los sonidos del habla? Libres de juicios, podemos descubrir un fenómeno directo y refrescante.

Al explorar las sensaciones de este modo, empezamos a darnos cuenta de que el factor clave es la mente. No son solo las sensaciones las que determinan una experiencia negativa o positiva. Depende del punto de vista de tu mente, de tu mentalidad habitual. Si eres consciente y estás en paz, estás más abierto a cualquier sensación que aparezca y es menos probable que te quedes encerrado en juicios de agrado o desagrado. Tales juicios se convierten en impedimentos u obstáculos para las experiencias más satisfactorias de la actitud abierta y el *mindfulness*. Las experiencias puras de las sensaciones se convierten en la energía de un estado meditativo consciente, en lugar de desencadenar juicios.

18 Juego de palabras entre *The Rite of Spring* y «The Riot of Spring». [N. del T.]

Ser consciente de los fenómenos

Al considerar el *mindfulness* de los fenómenos, nos interesa cómo nos relacionamos con los objetos de la mente, especialmente los que percibimos a nuestro alrededor en la vida cotidiana. Ya hemos visto cómo nos condicionan los sentimientos hacia lo que nos gusta y nos disgusta. Ahora vamos a analizar este proceso más profundamente. Estamos constantemente bombardeados por los fenómenos que percibimos. A menudo, esta gran variedad de fenómenos nos distrae: sonidos, movimiento, olores, energía, luz, etcétera. Nuestras percepciones pueden ser caóticas y superficiales. Como he sugerido anteriormente, es normal que nuestras mentes no conecten profundamente con los fenómenos. Puede que no tengamos la concentración o la curiosidad necesarias para quedarnos con un objeto y comprenderlo a un nivel más profundo: concentrarnos en él, abrirnos a él y conocerlo de verdad.

Ser consciente de los fenómenos significa revisar nuestra mente y ver cómo nos relacionamos con aquellos. Entonces podemos desarrollar una mayor alerta, presencia y concentración relajada en la forma en que nos relacionamos con las cosas. Para ello, debemos abrir completamente nuestra mente, relajarla por completo, de modo que la naturaleza del fenómeno en sí pueda percibirse de forma imparcial. Cuando vamos más allá de la mera comprensión superficial de los fenómenos o de imponerles nuestras perspectivas y etiquetas habituales, podemos experimentar una verdadera sensación de gozo y presencia. Vemos los fenómenos y su conexión con nuestra mente de una manera nueva, reconociendo una cualidad de coherencia y unidad entre ellos. Vemos que la mente y los fenómenos no son entidades separadas y aisladas.

No solemos darnos cuenta porque la experiencia es breve, pero hay veces en que sí establecemos esas conexiones con objetos de nuestro entorno. Esto puede ocurrir cuando ves un objeto común desde una perspectiva extraña. Puedes agacharte a buscar algo que se te ha caído al suelo y fijarte en otro objeto que no reconoces. Puede que atraiga tu curiosidad y lo detalles concentradamente. No puedes imaginar qué es, así que lo ves sin ninguna idea preconcebida. Es solo un «objeto de aspecto extraño». Entonces, de repente, ves que es algún objeto común: un juguete volcado o una taza rota. Pero por un momento lo veías de una forma muy pura en la que no podías etiquetarlo —no lo podías *re-conocer*—. Veías el objeto «tal como es» en el momento presente. Con respecto al cultivo de tales percepciones imparciales, el histórico Buda Shakyamuni hizo esta observación hace más de 2500 años:

> En lo visto solo existe lo visto;
> En lo oído solo existe lo oído;
> En lo sentido solo existe lo sentido;
> En lo conocido solo existe lo conocido.[19]

Para relacionarte con los fenómenos de esta forma más abierta y pura, puedes practicar para relajar tu forma de percibir las cosas. Cuando observas patrones en nubes, piedras o formaciones rocosas, pinturas abstractas —cualquier cosa que no tenga un contenido visual obvio y preciso—, es probable que proyectes alguna forma sobre ellas. Una nube puede parecerte espontáneamente una flor o un cuerpo humano. La superficie de una piedra puede parecer una cara sonriente. Si mueves ligeramente la cabeza, puede parecer otra cosa. Por supuesto, los objetos que estás viendo no tienen caras ni flores. Tu mente está proyectando cosas que percibes como similares en forma. Personas con edades o experiencias diferentes, o de culturas distintas, pueden proyectar imágenes diferentes. La cuestión es que los fenómenos con los que te relacionas no contienen ninguna de

19 *Udana* 1.10, una escritura budista del *Canon Pali*.

estas proyecciones. Una nube en un cielo ventoso cambia todo el tiempo. Una roca es solo una roca. ¿Puedes ver estos objetos —relacionarte con estos fenómenos— tal y como aparecen simple y llanamente?

Una forma fácil de hacerlo es escuchar a alguien que habla una lengua extranjera con la que no estás familiarizado en absoluto. Mientras que los hablantes de esa lengua se concentran en el significado de los pensamientos y las imágenes que transmiten las palabras y son relativamente inconscientes de los sonidos puros que pronuncian, tú solo oirás los sonidos, tal y como son.

La capacidad de hacer esto puede aparecer en breves destellos. Nuestro hábito de entender los fenómenos superficialmente hace que pasen rápidamente sin que los experimentemos plenamente. Rara vez somos conscientes de la riqueza de nuestro entorno interior y exterior. Como cuando conducimos rápidamente por un barrio, siempre estamos preocupados por algún destino y nos perdemos lo que nos rodea. Pero ser conscientes de los fenómenos nos da la oportunidad de ver nuestro mundo tal y como es, sin prisas, sin enmascararlo con etiquetas, proyecciones e interpretaciones habituales. Cuando empecemos a vislumbrar este mundo, veremos lo fascinante que es, lo interconectado que está y cómo formamos parte de él. Nos encontraremos más allá de las palabras, más allá de los límites.

Sugerencias para la práctica: oportunidades de interactuar libremente con los fenómenos

- Contempla un cielo nocturno despejado: observa el conjunto sin identificar partes del cielo como «estrellas», «planetas», «la luna», «estrellas fugaces», y demás. Ábrete a los fenómenos del cielo nocturno de la forma más pura posible, abandonando todas las influencias procedentes de tu experiencia o de tus conocimientos intelectuales.

- Observa las nubes del mismo modo: fíjate cuando proyectas alguna forma propia sobre su naturaleza esencialmente amorfa. Luego, olvídala.
- Observa una cascada o un río caudaloso: mírala y escúchala, abiertamente.
- Observa una gran masa de agua, ya sea cuando está agitada y caótica o cuando está tan plácida que refleja el cielo u otros alrededores.
- Observa la luz del sol reflejándose en las hojas de los árboles de un parque o un bosque: gira tu cabeza lentamente y escudriña el panorama de luz.

A medida que te abras a conectar con los fenómenos de forma más directa, descubrirás muchas otras situaciones y oportunidades con las que practicar. No hagas esta práctica tanto como una meta o un proyecto, sino como una nueva forma de conectar con el mundo y disfrutar de él.

Ser consciente de la mente

La mente es algo mucho más vasto de lo que solemos imaginar. Esto se debe a que en nuestra vida cotidiana nos hemos ocupado sobre todo del contenido de nuestra mente: nuestros pensamientos, emociones, imágenes, etc. Podemos pensar que nuestra mente es una especie de bolsa llena de todas las cosas que pensamos. También la confundimos con nuestro cerebro —a menudo considerado como una sofisticada máquina de cálculo electroquímico u ordenador—. Nuestra mente está formada por todos estos objetos, pero solo podemos saberlo porque somos conscientes de ellos. Y esa conciencia es otra característica de nuestra mente —quizá la más importante—.

Cuando somos conscientes del contenido de nuestra mente, ya sea mientras practicamos la meditación sentada o durante la vida cotidiana, podemos darnos cuenta de que algunos de los contenidos de nuestra mente nos causan dificultades e infelicidad, y otros nos conducen a la paz y la felicidad. En mi tradición hay cinco fenómenos mentales, llamados «los Cinco Venenos», que causan la mayoría de nuestros problemas: aversión (odio, ira), atracción (ansia), ignorancia (torpeza), celos y orgullo. Todos hemos visto cómo pueden causarnos sufrimiento a nosotros mismos y a los demás, sobre todo cuando abusamos de ellos. Pero parecen tan parte de la vida humana, de nuestro condicionamiento, que a menudo nos dejamos arrastrar por ellos. Su poder —el poder del hábito— es difícil de contrarrestar.

Pero no es imposible. Hay dos maneras de trabajar con ellas: podemos sustituirlas conscientemente por cualidades positivas; y podemos concentrarnos en nuestra *conciencia* de todos los objetos de la mente: positivos, negativos y neutros.

Cualidades positivas como la actitud receptiva, la compasión y la bondad amorosa son naturales en la mente. Forman parte de nuestra auténtica naturaleza humana. Las cualidades negativas antes mencionadas, así como también la duda, el desorden, la aprehensión y la distracción —cualidades que la vida moderna estimula— no lo son. Hemos sido condicionados a ellas. Así que, mientras mantienes el *mindfulness* en tu mente, fíjate en cuáles de tus pensamientos y emociones son positivos y cuáles negativos. Observa cómo, tarde o temprano, los positivos conducen a resultados positivos para ti y en tu relación con los demás. Y observa cómo los negativos te llevan al sufrimiento.

Los modelos a seguir positivos pueden ser útiles para animarte a tener una mente positiva. Puedes leer las biografías de los ganadores del Premio Nobel de la Paz. También puedes encontrar esos modelos a tu alrededor, en tu comunidad, en tu familia. Observa cómo se han comportado para aportar felicidad a su entorno y a sí mismos, a menudo en circunstancias difíciles. Deja que te inspiren para hacer lo mismo. Haz que esto forme parte de tu práctica de meditación.

Por supuesto, no podríamos ser conscientes del contenido de la mente si no estuviéramos atentos, despiertos, dándonos cuenta de lo que ocurre. Entonces, ¿dónde encaja esa conciencia? Cuando practiques los ejercicios de *mindfulness* que hemos descrito antes, serás más consciente de la propia conciencia. Si percibes tu cuerpo, tus sentimientos y los fenómenos de forma pura y directa, sin proyectar pensamientos habituales —por breves que sean—, estarás en un estado de conciencia pura. Esta puede encontrarse en los espacios que hay entre pensamientos. Y si te das cuenta de que proyectas una tendencia habitual sobre un objeto —como un rostro imaginado en una formación de nubes—, ese *darse cuenta* de tu proyección también es conciencia. Sin ella estás esencialmente inconsciente, dormido. Incluso cuando tu mente está extremadamente tensa y ocupada, la conciencia es lo que te hace consciente de lo que estás pensando. De hecho, participa en todas nuestras actividades de una manera que lo abarca todo, algo que examinaremos detenidamente más adelante en el libro.

La conciencia es como un espejo. Practicar el *mindfulness* de la mente es ver la mente reflejada en tu conciencia inmediata de forma imparcial, igual que un espejo revela lo que se le pone delante sin distorsión. Así como antes habías observado tu cuerpo mientras respiraba, las experiencias de los cinco sentidos y los fenómenos directamente, ahora con el *mindfulness* en la mente observas cualquier cosa que aparezca en la mente de forma clara y sencilla.

Sugerencias para la práctica del mindfulness de la mente

Siéntate o túmbate cómodamente, como has hecho al practicar el *mindfulness* del cuerpo. Sigue tu respiración durante un rato hasta que tu mente esté relativamente tranquila y despejada. A continuación, observa tus pensamientos (el «contenido» de la mente) o la propia conciencia («la mente en sí«) sin hacer comentarios. Como motivación, activa tu curiosidad. En lugar de seguir y enredarte en el pensamiento, ¿no sería interesante saber qué está pasando, qué *es* la mente, cómo funciona? Cuando te veas involucrado en el pensamiento —generando pensamientos e involucrándote con ellos, identificándote con lo que está sucediendo— vuelve a la respiración durante un rato y luego vuelve a la observación. Como siempre, mantente relajado y sin juzgar.

Podemos adaptar a esta práctica los Cinco Venenos mencionados anteriormente. Con frecuencia nos involucramos en estas cinco emociones o mentalidades: atracción, aversión, ignorancia, celos y orgullo. Sabemos que pueden causar problemas, tanto a nosotros mismos como a los demás. Y sabemos que a menudo son desagradables de experimentar. Cuando una de estas emociones aparece en nuestra mente, tenemos dos opciones: podemos seguirla, identificarnos con ella, interactuar, actuar, comentar, analizar, etcétera. O podemos simplemente notar directamente su aparición y dejarla ser. No lo bloqueamos. Simplemente dejamos que se disuelva. Cuando lo hagamos así, sin alimentar esas emociones, simplemente desaparecerán. Este último enfoque es algo a lo que no estamos acostumbrados. Va en contra de nuestro condicionamiento (esto no significa olvidar que hay muchas ocasiones en las que es necesario interactuar con estas emociones. Expresar la ira puede ser positivo en algunos casos, como cuando tu hijo pequeño decide cruzar una calle muy transitada).

Pero hay muchas ocasiones en las que enfrentarse a estos pensamientos y emociones es innecesario y destructivo. Y nuestras fantasías están llenas de ellos. Así que, cuando estés pensando, soñando despierto, o incluso cuando estés ocupado con otras personas, fíjate si puedes notar que los pensamientos y emociones negativos simplemente surgen, al igual que lo haría un pájaro o una brisa. Observa si puedes sentir que la emoción comienza a formarse —puede ser muy rápido— y luego déjala estar sin actuar sobre ella. Eso es observación directa del contenido de la mente. Si también puedes saborear el acto de darte cuenta en sí mismo, eso es consciencia de la conciencia, el otro aspecto de la mente. Puedes sentir esa consciencia tanto antes de que surja un pensamiento como en el momento en que se disuelve.

El *mindfulness* de la mente requiere una atención tranquila y sutil. Las sesiones deben ser breves. No te presiones, sobre todo si tienes la mente muy ocupada. Y aunque estas prácticas pueden explorarse muy profundamente y llevarse muy lejos, aquí nos dedicamos a ellas principalmente para fortalecer nuestro *mindfulness*, de modo que esta cualidad impregne nuestras vidas. Al hacerlo, con el tiempo desarrollaremos una poderosa herramienta que nos ayudará a guiarnos en la vida con un enfoque relajado.

Para mejorar esta práctica de modo que empiece a transformar realmente nuestras vidas, tenemos que «ponerla en marcha», hacerla parte de la vida diaria. Puesto que nuestra mente dirige todo lo que hacemos y experimentamos, podemos tener el *mindfulness* en la mente mientras realizamos todas nuestras actividades. Esto puede hacerse tanto formal como espontáneamente. Lo mejor es dejar que ambos enfoques vayan de la mano. Puedes empezar por planificar momentos y situaciones específicos durante el día en los que te tomarás un momento para observar el contenido de tu mente: «Cuando haga X —me siente en mi escritorio, empiece a preparar la comida, me disponga a arrancar el coche, etc.— escucharé lo que estoy pensando durante unos instantes». El otro enfoque consiste en buscar la conciencia que está observando, que está arrojando luz sobre el contenido de tu mente.

Si haces esto lo suficiente cada día, el proceso se volverá gradualmente espontáneo. Y si te propones ser consciente de tu mente en momentos concretos, crearás el hábito de recordarte con más frecuencia que debes entrar en este tipo de consciencia. Los hábitos negativos —como la impaciencia cuando la conexión del internet es lenta o la navegación digital sin rumbo y que consume mucho tiempo— perderán su atractivo. Empezarás a percibir cómo te controlan, y tomarás decisiones más razonables sobre lo que haces con tu valioso tiempo y cómo llevarás tu vida. Este es un paso muy importante para equilibrar tus actividades digitales.

Más que eso, empezarás a ver y experimentar la vida de una forma nueva. Al desvanecerse las distracciones que emanan de la mente ordinaria y condicionada, entrarás directamente en una nueva dimensión de experiencia. Te encontrarás, cada vez más, profundamente conectado a la sabiduría que surge espontáneamente de una mente liberada.

Resumen de las prácticas Mindfulness

Mindfulness del cuerpo

En la meditación sentada, empieza siendo consciente de la respiración y luego amplía esta atención a otras sensaciones corporales. Por ejemplo, puedes hacer un escaneo sistemático del cuerpo, de la cabeza a los pies o de los pies a la cabeza.

Otras posturas para practicar *mindfulness* son de pie, en una silla o tumbado. También podemos extender esta atención al cuerpo en movimiento. Dite a ti mismo de vez en cuando: «Estoy caminando», y siente el movimiento. Observa también las transiciones de una postura o movimiento a otro.

Sé consciente de los demás sentidos: el gusto, el olfato, la vista, el oído y las sensaciones táctiles.

Mindfulness de los sentimientos

Fíjate en los juicios que puedes aplicar a las sensaciones físicas: «Esto se siente bien» y «esto se siente mal». ¿La sensación física que percibiste cumplía algunas expectativas que tenías o no las cumplía? Las expectativas están estrechamente relacionadas con los juicios. Fíjate en esto con respecto a todos los sentidos físicos.

¿Estos juicios (así como los que aplicas a tu discurso y al de los demás) desbaratan tu *mindfulness*?

Comprueba si puedes ir más allá de las expectativas, relajándote en una sensación en bruto o «pura» más allá de los sentimientos subjetivos de positivo o negativo.

Mindfulness de los fenómenos

Observa cómo proyectas tus propias etiquetas, formas y preferencias habituales sobre fenómenos que no tienen ese contenido específico, como las formaciones de nubes o rocas. Luego, empezando con breves vistazos, observa esos fenómenos de una manera más abierta e imparcial. A medida que puedas relajarte más y más, te darás cuenta de que conectas más profundamente con los fenómenos. En algún momento, la barrera entre «ti» y el «objeto observado» puede desvanecerse e incluso desaparecer. Experimentarás la unidad con los fenómenos.

Mindfulness de la mente

En meditación sentada, observa tus pensamientos a medida que surgen. Presta especial atención a los pensamientos de aversión (odio/ira), atracción (ansia), ignorancia (torpeza), celos y orgullo. Observa el poder que tienen para distraerte de tu *mindfulness*.

Dedica un tiempo a meditar sobre cualidades positivas como la actitud abierta, la compasión y la bondad amorosa. Observa cómo estas conducen a estados de ánimo más felices que las cualidades más negativas observadas anteriormente. Toma nota de las personas que conoces o de las que has oído hablar que ejemplifican un enfoque positivo de la vida.

Desplaza tu atención hacia la consciencia que te permite practicar el *mindfulness*. Cuando te distraigas con el contenido de los pensamientos, concéntrate brevemente en tu respiración para enraizarte y luego vuelve a descansar en la consciencia que ilumina la experiencia. Cuando te acostumbres a esta práctica, al dejar en paz los pensamientos pasajeros, se disolverán sin esfuerzo como momentos de pura consciencia. Con entrenamiento y esfuerzo, estos momentos pueden prolongarse (hablaré más sobre esto en la cuarta parte del libro).

Cuando sientas que has alcanzado cierta estabilidad en este estilo de *mindfulness*, prueba a hacerlo en diferentes momentos y situaciones de la vida cotidiana. Planifícalo con antelación y luego pruébalo. Más adelante te darás cuenta de que la práctica a veces se produce de forma espontánea.

5

LA APP PERFECTA

El *mindfulness* nos hace estar presentes. Si no estamos conscientes, no estamos plenamente *aquí*. La presencia es una plataforma desde la que podemos actuar con fundamento y lucidez. Lo mismo ocurre cuando trabajamos o jugamos con nuestros dispositivos digitales, cuando nos relacionamos con amigos y familiares o con nuestros compañeros de trabajo. Normalmente utilizamos varias aplicaciones en nuestros dispositivos para realizar una tarea: utilizamos el correo, las llamadas, los chats y las redes sociales para comunicarnos con la gente; cuando buscamos información, utilizamos navegadores de internet, mapas digitales y motores de búsqueda especializados. Podemos saltar de una aplicación a otra para obtener el panorama completo de lo que necesitamos.

Quiero presentarte aquí una maravillosa «*app*» derivada de una práctica budista llamada «las Seis Perfecciones Trascendentes» —podríamos también llamarla «las Seis Cualidades Valiosas»—. Si la utilizas con regularidad, creo que aportará un gran balance a tu vida. Cada cualidad tiene su propia ventaja y enfoque especial, pero, al igual que las *apps* que utilizas habitualmente para tus búsquedas, estas seis cualidades funcionan mejor cuando se utilizan combinadas. Las cualidades son *generosidad*, *paciencia*, *diligencia*, *perseverancia*, *concentración* y *sabiduría*. No las encontrarás en tu *smartphone*, pero las tienes dentro de ti, desarrolladas en un grado u otro a partir de tu crianza, educación y experiencia.[20] Son un gran recurso potencial para nosotros, pero a menudo se pierden en nuestro comportamiento y actividades. Cuando las desarrollamos y utilizamos con destreza, estas seis cualidades nos dan un enorme poder para liberarnos de los condicionamientos negativos y traer pensamientos positivos y armonía a nuestras vidas.

El primero: la generosidad. Solemos pensar que es simplemente dar. Quizás damos algo material a alguien necesitado. También podemos ser generosos con nuestro tiempo, echando una mano. Pero, sea cual sea la forma que adopte nuestra generosidad, ¿cómo podemos ser generosos sin la segunda cualidad, la paciencia? En muchos casos, la generosidad es una forma de paciencia. En lugar de precipitarnos en nuestros patrones normales de pensamiento y acción, vamos un poco más despacio para darnos cuenta de las necesidades de los demás. Pero aquí también entra en juego la diligencia. Se necesita de esta para ser paciente, una cierta cualidad de energía y atención que guía la acción. La diligencia se denomina a veces «esfuerzo gozoso»: el jugo necesario para completar nuestras tareas. ¿Cómo podemos lograr algo importante si no somos diligentes?

Por otro lado, la disciplina implica autoconciencia: ser conscientes de que estamos centrados en nuestras intenciones y de que no nos distraemos ni nos desviamos. ¿De qué sirve el entusiasmo gozoso si no vamos en la dirección correcta? Esta cualidad también es importante para evitar que actuemos de forma poco amable y poco ética con los demás. Luego, la concentración es una cualidad que activa, enfoca y capacita a la mente para ver los detalles de nuestras tareas e interacciones. Si nuestra intención es un acto de generosidad, la concentración nos permitirá descubrir cómo lo llevaremos a cabo. Pero

20 En realidad, son innatas a tu propio ser. Y no están realmente separadas la una de la otra, sino que son aspectos de una misma cualidad. Exploraremos esto en un capítulo posterior.

la cualidad más importante es la sabiduría. Aquí descubrimos si nuestro acto generoso puede ser realmente beneficioso y cómo debemos llevarlo a cabo para maximizar ese beneficio. La sabiduría nos permite ser menos egoístas para poder ver más allá de nuestros propios prejuicios y obtener una imagen más clara de la realidad. Por ejemplo, nuestra sabiduría puede determinar que, en ciertas situaciones, la generosidad puede ser malinterpretada por el receptor y causar más daño que bien («¡No necesito tu caridad!»). Este tipo de sabiduría procede de la experiencia y la intuición, y sobre todo del autoconocimiento.

En muchas situaciones, si estás pensando en actuar con generosidad o paciencia —por ejemplo, ayudar a alguien con una necesidad o tarea (siendo generoso) o dar a alguien espacio emocional (siendo paciente)—, la sabiduría debe formar parte de esa decisión inicial. Entonces, la concentración agudizará nuestro enfoque, seguida por la diligencia y la disciplina para asegurarnos de que hacemos el trabajo.

He aquí un breve ejemplo de cómo se unen las seis cualidades. Supongamos que te sientes llamado a ser generoso. Digamos que alguien te pide dinero. Podría tratarse de un amigo o un pariente necesitado. Una persona que representa a alguna organización benéfica podría ponerse en contacto contigo por *email*, teléfono o en persona para pedirte un donativo. O podría ser alguien pidiendo limosna en una esquina o acercándose a ti mientras comes en una cafetería al aire libre.

Hay ocasiones en las que podemos sentirnos molestos por estas peticiones de generosidad. Es una reacción común que puede activar en nosotros una actitud avara. Y hay ocasiones en las que parece que no tenemos tiempo para detenernos y considerar la petición. Pero esta puede ser una actitud autocentrada que restringe nuestro enfoque y nos aleja de las necesidades y situaciones de los demás. La generosidad es lo contrario: una empatía abierta que nos mantiene disponibles para los demás. Si somos generosos por naturaleza o hemos entrenado intencionadamente esa cualidad, una voz interior nos dirá que tenemos la oportunidad de practicar la generosidad. Haremos una pausa y nos permitiremos abrirnos a la petición.

Esa pausa para reflexionar es paciencia. A continuación, podemos pedir a la persona que hace la petición que explique un poco más. Eso podría revelar cualquier cosa, desde «estamos buscando donaciones para proporcionar alimentos a personas hambrientas en África» hasta «lo necesito para mi matrícula universitaria» o «estoy sin trabajo y mi familia pasa hambre». Escuchamos pacientemente, con nuestro lenguaje corporal abierto y atento (con presencia y consciencia plena: concentración).

En algún momento te preguntarás: «¿Es *sabio* que haga este donativo?». En un extremo, hay lugares donde los anuncios de servicio público desaconsejan dar dinero a los mendigos, sugiriendo que podrían utilizarlo de forma perjudicial, como para comprar drogas o alcohol. Depende de tu sabiduría personal decidir qué hacer en estas situaciones. Tienes que conocer la versión de la persona que hace la petición, lo que requiere la sabiduría de la actitud abierta. Si una organización está haciendo una solicitud, podrías investigar para determinar la dirección y la eficacia de la organización benéfica. Este tipo de información se encuentra fácilmente en internet. O puedes decidir simplemente ser generoso, arriesgarte. Tal vez tu intuición —otro aspecto de la sabiduría— te diga: «Esto me parece bien. Vamos a hacerlo».

Con disciplina y diligencia, una vez que hayas decidido actuar con generosidad, te asegurarás de que realmente sigues adelante y haces lo necesario para que el dinero llegue a la persona u organización benéfica que hace la petición. Esto puede significar hacer una transferencia bancaria o utilizar tu tarjeta de crédito con todos los detalles correspondientes. Si la donación se necesita con urgencia, tu diligencia se asegurará de hacerlo con prontitud. O también, podría ser cuestión de tomarse la molestia de parar el coche en un cruce para coger la cartera y dar dinero a alguien que te lo pide al borde de la carretera. Como puedes ver, aquí también entra en juego la paciencia.

Puedes descubrir la interconexión de estas seis cualidades contemplando otras situaciones, como aconsejar pacientemente a un familiar, compañero de trabajo, estudiante, etc. Puedes ser paciente contigo mismo no precipitándote en una decisión importante. O partir de la concentración necesaria para aprender una nueva habilidad. Puedes utilizar casi cualquier situación común de la vida cotidiana. Observa cómo intervienen las seis cualidades. Descubrirás que, en la mayoría de los casos, cada una de las seis cualidades conectará de forma natural con las otras cinco.

Familiarización

Para hacer de estas seis valiosas cualidades tus aliadas y ayudantes, primero tienes que familiarizarte con ellas por separado y luego contemplar cómo funcionan en equipo. Esto puede lograrse en sesiones de meditación analítica basada en el pensamiento. Así comienza un proceso de asimilación que fructifica cuando llevamos estas seis cualidades a todas nuestras actividades.

Para comenzar nuestra contemplación, veamos estas cualidades de forma muy general. Como ya se ha sugerido, la generosidad y la paciencia son formas de una actitud receptiva. Cuando nos sentimos inspirados para ser generosos, nuestra empatía abierta nos permite ir más allá de nuestras propias preocupaciones y conectar con las necesidades de los demás. Como hemos visto, la paciencia desempeña un papel clave en este sentido, la cual, además, es especialmente útil para evitar la ira. Al fin y al cabo, la impaciencia puede considerarse como un primer paso que conduce a la ira.

Comencemos nuestra meditación analítica. Siéntate cómodamente, concéntrate durante un par de minutos en la respiración: *Imagina situaciones en las que has practicado la generosidad y la paciencia. Luego contempla momentos en los que podrías haber utilizado estas dos cualidades pero no lo hiciste. ¿Por qué no lo hiciste? Ahora piensa en situaciones comunes de tu vida diaria en las que la generosidad y la paciencia serían apropiadas.*

La concentración y la sabiduría van de la mano y nos dan acceso al conocimiento y a la comprensión. La concentración, que está relacionada de cerca con el *mindfulness*, es obviamente esencial para muchas de nuestras tareas. Por ejemplo, si estamos investigando en internet, la concentración nos permite filtrar la información superflua de las bases de conocimiento que buscamos. La sabiduría va más allá de la concentración y el conocimiento, ampliándose para abarcar la comprensión sutil que guía la acción eficaz.

Ahora considera: ¿Crees que tienes buena concentración y enfoque en muchas áreas de *tu vida? ¿Hay situaciones en las que pierdes la concentración con facilidad? ¿A qué crees que se debe? ¿Cómo podrías utilizar las prácticas* mindfulness *para mejorar tu concentración? ¿Se te ocurren situaciones en las que la sabiduría —ya sea innata o adquirida con la experiencia— haya marcado una diferencia importante en alguna situación de tu vida?*

La disciplina y la diligencia son principios rectores que nos mantienen en el buen camino. Proporcionan la energía y la adherencia a la dirección que nos proponemos y garantizan que lograremos lo que pretendemos. Esto es así tanto si trabajamos en un proyecto como si mantenemos una relación personal. *¿Alguna vez la pereza ha debilitado tus actividades? Si es así, ¿tu pereza aparece solo en un momento determinado, quizá en situaciones o con proyectos que te resultan aburridos? ¿O es más general? ¿De dónde crees que viene este hábito? ¿Y la falta de energía o entusiasmo en algunas de tus actividades? Si esto te ocurre con frecuencia, ¿cuál es su origen?*

Sin embargo, estas útiles descripciones son solo un punto de partida, un plano del proyecto. Para comprender las seis cualidades a un nivel profundo y realmente útil, necesitas descubrir las muchas sutilezas que surgen cuando las exploras en la contemplación y, especialmente, cuando te involucras en situaciones de la vida cotidiana. Para ello, puedes empezar a convertirlas en hábitos —condicionamientos positivos— considerándolas de la siguiente manera.

1. ¿Cuáles son algunas de las formas que puede adoptar mi generosidad?

La generosidad puede expresarse con el cuerpo, con la palabra y con la mente. Por cuerpo me refiero a todas nuestras expresiones físicas. Eso incluye nuestro lenguaje corporal: nuestros gestos, la mirada de nuestros ojos y las expresiones faciales. La generosidad puede expresarse a través de una sonrisa, una palmada en el hombro, un cálido apretón de manos. Hacemos saber a los demás que somos abiertos y generosos, que nuestros pensamientos y sentimientos les abarcan a ellos y no solo a nosotros.

Lo mismo se demuestra cuando hablamos con honestidad, franqueza, amabilidad y autenticidad en la comunicación directa y ética. Por supuesto, estas manifestaciones externas se originan en nuestra mente. Allí, la generosidad nace de la conciencia, el pensamiento franco, el amor, la compasión y la comprensión de los pensamientos, sentimientos y necesidades de los demás.

Mientras tanto, debemos mantener pura nuestra motivación: generosidad sin expectativas. No esperamos respuesta. Nuestra generosidad no está motivada en lo más mínimo por el deseo de recibir cumplidos o aplausos, algún favor a cambio, un gran «¡gracias!». Puede que lo consigamos, pero nuestro deseo es que nuestra generosidad contribuya a la felicidad de los demás. Este es un caso de «La virtud es la recompensa en sí». Evitar la trampa de las expectativas, que es un patrón habitual muy común, puede requerir disciplina mental. Aquí podemos incluso ir más allá de la noción de «dador», «receptor» y la generosa «acción». Más adelante analizaremos este enfoque tan liberador.

Piensa en las muchas situaciones en las que puedes ser generoso. Me he dado cuenta de cómo la gente que espera en la cola de un aeropuerto cede generosamente el paso a un pasajero cuyo vuelo va a salir pronto. Todos podemos empatizar con su situación y, basándonos en ello, nos apartamos generosamente. Luego, podemos practicar «actos de bondad fortuitos», como pagar anónimamente la bebida de alguien en una cafetería o la entrada de cine de la persona que hace cola detrás de nosotros. Seguro que puedes imaginar muchas situaciones similares. Hacerlo te preparará para actuar con generosidad cuando surja la oportunidad. Recuerda también ocasiones en las que practicar la generosidad habría sido apropiado, pero no lo hiciste. ¿Qué te lo impidió?

2. *¿Cuál es el valor de la paciencia?*

Todos estamos familiarizados con lo opuesto (la impaciencia) en el mundo digitalizado y acelerado al que nos enfrentamos a diario. A menudo nos encontramos con una falta de espacio que nos limita. La paciencia, por otro lado —como hemos examinado anteriormente—, abre el espacio, dejándonos un sitio para respirar, para considerar las cosas con sensatez y una energía más equilibrada y relajada. La paciencia es el mejor antídoto contra la presión y la velocidad del mundo actual. Basta pensar en los muchos contratiempos que ocurren cuando la gente pierde paciencia y cae en la ira y el odio. Piensa en las tragedias que leemos a menudo en las noticias, en las que un poco de paciencia inyectada antes de que las cosas empezaran a ponerse feas habría salvado la situación.

Desde otro punto de vista, habrás observado que las personas pacientes atraen a los demás, mientras que la impaciencia los ahuyenta. La paciencia es cálida y reconforta a uno mismo y a los demás. También puede ayudar a ser valiente en situaciones difíciles. Proporciona tiempo y espacio para considerar opciones, soluciones que quizá no aparezcan cuando tenemos prisa, pero que pueden ayudarnos a penetrar en un problema desconcertante y llevarnos a buen puerto. Al ser un aspecto de la concentración, la paciencia nos ayuda a centrarnos mejor en cualquier situación en la que nos encontremos. Así que deja que tu mente la explore en sus múltiples facetas. Luego piensa en momentos en los que la has practicado y en aquellos en los que ser paciente te habría ayudado, pero no lo hiciste así. ¿Por qué no? ¿No eras consciente en ese momento de que la paciencia era necesaria? ¿O lo sabías pero algo te lo impedía?

3. ¿Dónde entra en juego la diligencia?

Piensa en la historia de la tortuga y la liebre. Las dos corrían hacia la meta. La liebre era rápida y ágil. Sintiéndose superior, vencedora fácil de un animal tan lento y parsimonioso como la tortuga, la liebre se desviaba constantemente. Perdía un tiempo valioso en búsquedas triviales. Mientras tanto, la tortuga, concentrada en el objetivo de ganar la carrera y poniendo toda su energía en ello, avanzaba con paso firme y, al final, ganaba.

Una vez que hemos desarrollado una intención —un proyecto o un objetivo—, debemos incluir la diligencia en nuestros planes. La energía y el entusiasmo necesarios para tener éxito en una tarea deben incorporarse a los demás factores: inspiración, motivación, planificación, ritmo, etcétera. La diligencia nos ayudará a notar y descartar actitudes poco útiles como el orgullo, el aire de superioridad, la arrogancia y el egoísmo. Estos pueden inhibir a personas que, de otro modo, podrían ayudarnos. Y si nos distraemos, como la liebre, no solo podemos desviarnos, sino que podemos perder oportunidades de avanzar en nuestros planes. Las distracciones impiden la receptividad y presencia necesarias para ver los factores importantes a medida que surgen. Nos perdemos información vital. La diligencia concentra nuestra energía y nos conduce al éxito. Piensa en ocasiones en las que esta ha fortalecido tus esfuerzos y otras en las que la falta de diligencia los ha socavado.

4. Disciplina

Mientras que la diligencia tiene la naturaleza de la energía y el entusiasmo, la disciplina tiene un carácter moral.[21] Si no tenemos cuidado, podemos dejarnos seducir por actitudes negativas que nos apartan del comportamiento adecuado necesario para completar proyectos, tener relaciones personales armoniosas y conducir nuestra vida en general. Con frecuencia vemos en las noticias los casos de personas de alto perfil que se han echado a perder por una sorprendente falta de disciplina. Algo potencialmente peligroso les tentó y no tuvieron la disciplina necesaria para evitar caer en la trampa. La disciplina no tiene por qué ser rígida y confinada. Más bien, debe ser un modo de conciencia y cuidado. Como tal, está muy relacionada con el *mindfulness* y la concentración. ¿Es la falta de disciplina un problema para ti? ¿Eres incapaz de cumplir tus intenciones? Si es así, ¿hasta qué punto es fuerte esta tendencia en tu vida y cuál es su origen?

5. Concentración

A menudo pensamos en la concentración como algo muy cerrado y limitadamente enfocado. Pero la concentración efectiva necesita ser relajada y abierta. Es esencialmente lo mismo que el

21 En el budismo, a la disciplina también se le conoce como «moralidad», «conducta adecuada» y «virtud».

mindfulness. Cuando perdemos la concentración o el *mindfulness*, la diligencia y la disciplina nos ayudan a darnos cuenta de ello, y simplemente volvemos a centrar nuestra atención en su objeto.

Piensa en los grados de concentración que experimentas a lo largo del día al pasar de una actividad a otra. Fíjate en los factores que la aumentan y los que la entorpecen. Puedes perderla por esforzarte demasiado y durante demasiado tiempo. Algo tan sencillo como una pausa refrescante puede ayudar. A veces solo necesitamos recordarnos a nosotros mismos que debemos estar presentes. ¿Crees que tienes una buena capacidad de concentración y enfoque en muchas áreas de tu vida? ¿Hay situaciones en las que te distraes con facilidad? ¿A qué crees que se debe? ¿Cómo podrías utilizar las prácticas *mindfulness* para mejorar tu concentración?

6. Sabiduría

En este capítulo hablo de la sabiduría mundana. Procede principalmente de la educación, los consejos de los mentores y la experiencia. Pero la sabiduría también puede surgir de la intuición, más trascendental, de la que hablaré en la cuarta parte de este libro.

¿Qué significa para ti la palabra *sabiduría*? Cuando crees que has actuado sabiamente, ¿qué significa eso? Tal vez algo «sabio» que hiciste condujo a un resultado positivo. ¿Se te ocurren situaciones en las que la sabiduría, ya sea innata o adquirida con la experiencia, haya marcado una diferencia importante? ¿La fuente de esa acción fue el conocimiento formal, la experiencia, la intuición o una corazonada?

Las Seis Cualidades Valiosas emanan realmente de las profundidades de la mente-corazón del ser humano. Forman parte de nosotros de manera natural. Pero como la vida humana está llena de distracciones, puede que nos veamos alejados de ellas en algún momento. Se convierten en un vago recuerdo. Por tanto, tenemos que volver a familiarizarnos con ellas de manera deliberada. Para empezar ese proceso de reconexión con estas cualidades, puedes usar el bosquejo que te he otorgado en este capítulo. Haciendo esto, te servirán en todos los aspectos de tu vida.

6

LA FELICIDAD TIENE SUS CAUSAS

Si practicamos el *mindfulness* con constancia y nos sintonizamos con las Seis Cualidades Valiosas, sentamos las bases para que florezca el pensamiento positivo. Aumentar la felicidad en todas nuestras actividades diarias se convierte ahora en algo factible. La práctica formal de la postura sentada en un cojín —con la duración y frecuencia que te sea posible— apoya las prácticas informales del *mindfulness* en la vida presentadas anteriormente: *mindfulness* del cuerpo y de las posturas, de los sentimientos, de los fenómenos y de la mente. Si continúas con estas prácticas, se fortalecerán y empezarán a penetrar en tu actitud ante la vida y en el tono de los sentimientos de tu vida. Esta actitud consciente es una puerta de entrada a una mayor satisfacción, incluida una felicidad genuina que no está condicionada por nuestros deseos y expectativas.

En este capítulo veremos cómo el hecho de soltarnos y abrirnos a los demás nos proporcionará mayor felicidad y libertad al relacionarnos con todo, desde los dispositivos digitales hasta nuestras relaciones personales y el trabajo. Poco a poco, podemos ir sustituyendo las actitudes tensas y egoístas que no conducen a la felicidad real. Veremos también que prestar más atención a los demás, y a sus necesidades y deseos, conecta y despierta cualidades positivas que se encuentran de forma natural en nuestro interior, en nuestra propia mente-corazón.

Un comienzo positivo

Cuando te levantas por la mañana en un día normal, ¿cuáles son tus primeros pensamientos? Pueden provenir de sentimientos y actitudes habituales. O pueden ser reacciones a experiencias recientes o pensamientos sobre el futuro. Algo tan sencillo como «tengo hambre, ¿qué voy a desayunar?» o «¿cómo voy a afrontar ese gran problema en el trabajo?». Estas ideas pueden marcar la pauta de todo tu día. Pero, ¿son positivas o negativas?

Hemos visto lo poderosos que son nuestros patrones habituales —nuestros condicionamientos— a la hora de determinar nuestras actitudes y comportamientos. ¿Qué pasaría si, al principio de cada día, pusieras deliberadamente tu mente en un marco optimista? Si lo haces, crearás causas de felicidad. La felicidad y la infelicidad no aparecen en nuestras vidas de la nada. Si tenemos pensamientos negativos y actuamos de forma negativa, tarde o temprano recibiremos una respuesta negativa de la gente y del universo. Por otro lado, un acto positivo nos llevará a la felicidad y hará felices a los demás, reverberando con confianza en nuestra mente, e incluso más allá. Y estos patrones de causa y efecto —que son las verdaderas causas de la felicidad y el sufrimiento— pueden prolongarse durante largos periodos de tiempo.

Déjame sugerirte que pruebes a repetir las cuatro frases siguientes cuando te despiertes por la mañana:

Que todos los seres posean felicidad y las causas que la originan.
Que todos los seres estén libres de sufrimiento y de las causas que lo originan.
Que todos los seres nunca se alejen de la felicidad suprema que está libre de sufrimiento.
Que todos los seres permanezcan en una ecuanimidad sin límites, sin apego y sin aversión.

Si te parece mucho, empieza con una o dos primeras líneas cada mañana y luego ve añadiendo gradualmente la tercera y la cuarta. O puedes hacer solamente una cada día. ¡Inténtalo!

Empezar el día pensando o diciendo estas líneas en voz alta tendrá un efecto mágico. Es como hacer sonar una hermosa nota en un instrumento musical, una campana o un cuenco al despertar. Examinando las palabras, puedes notar que se dirigen hacia fuera —pero nunca olvides que tú también estás incluido en «todos los seres»— y a encontrar la felicidad y eliminar las experiencias negativas —el sufrimiento—. Estos «cuatro inconmensurables» son una forma de entrenamiento mental muy popular en el budismo tibetano. La mayoría de nosotros necesitamos ese entrenamiento porque ya hemos sido entrenados para actuar de formas que, en última instancia, nos causan sufrimiento. Nos han enseñado que para sobrevivir y prosperar en el mundo moderno primero debemos valorarnos por encima de los demás y después competir —a menudo ferozmente— con otras personas. Las cualidades positivas naturales con las que nacemos, como el altruismo, la compasión y el simple placer de estar vivos, quedan relegadas a un segundo plano.

Ahora te preguntarás: «¿Cómo me va a hacer más feliz desear felicidad y bienestar a todos los seres?». O también: «Si crear una actitud positiva al principio de cada día es útil, ¿por qué no decir simplemente: *Hoy voy a tener un día estupendo*?». La respuesta, una vez más, es la actitud abierta y receptiva. Cuando abres tu corazón más allá de tus propias preocupaciones, empiezas a romper los hábitos rígidos y condicionados que están en la raíz de la infelicidad. Aflojas los patrones compulsivos, agitados, acelerados y tensos que se encuentran entre las principales causas del sufrimiento.

Además, esas palabras, en sí mismas, imparten una gran sabiduría práctica. En primer lugar, nos recuerdan que el sufrimiento y la felicidad tienen causas; y si atendemos a esas causas, podemos generar felicidad para nosotros mismos y para los demás, y disminuir el sufrimiento. Se trata de una información importante que en nuestras actitudes cotidianas podemos pasar por alto. Una vez más, gran parte de nuestro pensamiento normal se parece a conducir rápidamente por un hermoso vecindario, concentrándonos solo en la carretera que tenemos por delante y en el destino. Nos perdemos los detalles, las oportunidades de hacernos felices a nosotros mismos y a los demás. Nuestra actitud tensa, aferrada y de búsqueda del fin reduce nuestra atención e, irónicamente, nos hace más vulnerables a las distracciones. Estamos tan ocupados atendiendo a nuestros propios intereses que las cosas que no molestarían a una mente despreocupada se convierten en obstáculos desagradables que debemos evitar a toda costa. No es una forma eficaz de vivir, en comparación con un enfoque más equilibrado y relajado.

Recordemos los distintos niveles de una actitud abierta que presenté en el capítulo tres. Las palabras de las dos primeras estrofas anteriores —«Que todos los seres posean la felicidad y las causas que la originan / Que todos los seres estén libres del sufrimiento y de las causas que lo originan»— nos invitan a dar un paso más allá del nivel egocéntrico de recepción hacia el segundo nivel: una posición abierta de aceptación y cooperación con las personas y las situaciones que nos rodean. Cuando deseas que todos los seres sean felices y eviten el sufrimiento, estás plantando semillas de felicidad para ti y para los demás. Estas semillas germinarán en tu actitud abierta y positiva y en el calor natural que inspira estas cualidades en los demás.

Imaginemos un equipo de trabajadores en una fábrica, una oficina, un laboratorio científico, una cocina comercial... cualquier situación que requiera cierto grado de trabajo en equipo. Independientemente del nivel de habilidad técnica que los trabajadores aporten al trabajo, un equipo dominado por interacciones impersonales, o negativas, será menos productivo y menos feliz que un equipo cuyos miembros sean abiertos entre sí y positivos.[22] Del mismo modo, un jefe negativo y abusivo hará que los trabajadores sean menos productivos y tengan más probabilidades de abandonar e irse a otro sitio que los que tengan un supervisor con una actitud abierta y positiva.

22 Así lo demuestra el estilo, los métodos de producción y el éxito que han tenido los fabricantes japoneses de automóviles durante décadas.

Causas de la felicidad

Todos queremos felicidad. Y todos soñamos, imaginamos, planeamos y trabajamos en lo que creemos que es una dirección que nos traerá felicidad. Pero a veces no es así. De algún modo, las cosas van mal. Todo nuestro anhelo de alegría no nos ayudará a menos que nos centremos en sus causas. Si soñamos con cultivar verduras frescas y sabrosas para nuestra mesa, tarde o temprano tendremos que plantar un huerto. Tendremos que encontrar tierra fértil para ello, obtener y plantar semillas, y asegurarnos de que hay suficiente agua y luz solar para que crezcan las plántulas. Debemos crear las causas de esas ricas verduras. Del mismo modo, como nuestra felicidad depende a menudo de nuestras relaciones con otras personas, necesitamos de la actitud abierta y de la atención hacia ellas para ver sus necesidades y deseos. Tenemos que comprender sus orígenes, hacernos una idea de lo que les mueve, para poder tener relaciones armoniosas con ellos. Si lo hacemos de forma manipuladora, a la larga será contraproducente. Más bien, utilizamos la empatía —nos ponemos en su lugar— como base para una relación positiva. Si solamente nos concentramos en nosotros mismos, esto no sucederá fácilmente.

Todo ello se debe a que la felicidad que podamos obtener a corto plazo concentrándonos exclusivamente en nuestros propios deseos probablemente no durará mucho ni será satisfactoria. Sin embargo, si empiezas buscando la felicidad *para ti y para los demás*, tus posibilidades de éxito son mucho mayores. Todos estamos juntos en esto de la vida. Cuando lo olvidamos, nuestros efectos no deseados sobre los demás pueden volverse en nuestra contra. Supongamos que trabajas preparando comida en una cocina y un día, por estar enfadado con alguien, pierdes la concentración y te cortas gravemente un dedo. Tendrás que ir al hospital para que te pongan puntos. Otra persona del personal de cocina tendrá que sustituirte, lo que quizá ralentice el trabajo de todo el equipo. Las comidas se servirán tarde, lo que puede sobrecargar e irritar a los camareros. Los clientes tendrán que esperar más tiempo, lo que puede molestar a alguno de ellos —que dejará menos propina a los camareros— y dañar incluso la reputación del restaurante. Un escenario similar se aplicaría a casi cualquier entorno de trabajo cuando un jefe o los empleados se encierran demasiado, olvidando que forman parte de una comunidad.

Cuando era un niño pequeño creciendo en el Tíbet, a mi madre le ocurrió algo que afectó mucho mi visión de la vida. Éramos una familia budista, como todas las personas de nuestra comunidad. Pero era la época de la Revolución Cultural china, cuando se prohibió toda práctica religiosa. Ni siquiera se nos permitía hacer ofrendas de lámparas de mantequilla, una práctica sencilla y tradicional. Teníamos que esconderlas debajo de las macetas cuando las encendíamos.

Un día, unos soldados chinos paseaban por nuestro pueblo disparando indiscriminadamente a los cuervos. A mi madre le dispararon accidentalmente en el costado. Estuvo a punto de morir. La comunidad nos apoyó mucho, dándonos leche, mantequilla y otras necesidades. Yo era el más joven de la familia y entonces necesitaba mucho a mi madre. Cuando los chinos invadieron nuestra zona, lo perdimos casi todo y mi madre, que era partera de formación, ya no podía trabajar. Perdió fuerzas y yo me perdí de su crianza. Las cosas eran muy difíciles y culpaba a los soldados y a los chinos de causar tanto sufrimiento. Los odiaba.

Pero mi madre y mi padre tenían otra actitud. Veían que si la familia mantenía esos sentimientos hostiles, sería un desastre para todos nosotros. Así que intentaron reparar el daño emocional del disparo. Mi madre se hizo amiga de los soldados destinados en nuestro pueblo. Practicaba la paciencia y mantenía un corazón abierto hacia ellos. Recuerdo que mi madre hablaba positivamente de la persona que le disparó, diciendo que en realidad era muy buena persona y que le caíamos bien. Cuando oí esto, todo mi trauma y mi rabia se curaron suave y mágicamente.

Me di cuenta de que esa persona no tenía intención de disparar a mi madre, sino que se había dejado llevar por la ignorancia: iba por la ciudad disparando al azar e intimidando a la gente. La causa era la falta de conciencia plena y sabiduría. Me abrí a esta comprensión más profunda y pude perdonar. Ya no siento rabia hacia ese soldado chino. Más bien siento tristeza por el trauma y el remordimiento que sintió después y por todo lo que tuvo que pasar. Y siento un gran amor y admiración hacia mi madre por cómo se desenvolvió en aquella situación tan difícil, con todo lo que tuvo que hacer para sacar adelante a la familia y ayudar a los demás en la comunidad. Una actitud positiva puede transformar incluso una situación muy difícil.

Lo mismo ocurre con todas nuestras interacciones y actividades. Como las ondas en el agua, las consecuencias de cómo nos relacionamos con los demás se expanden ampliamente en patrones de causa y efecto. Nuestra propia actitud positiva hacia los demás puede crear armonía y felicidad en general. Puede que no siempre sea fácil. Puede haber dificultades, pero merece la pena. Podemos cultivar una cualidad de esfuerzo gozoso. Cuando aparecen dificultades —como alguien que bloquea nuestras causas de felicidad— debemos ser pacientes y diligentes. De este modo, el problema o la obstrucción pueden convertirse en un catalizador de positividad, en una causa de felicidad. Por ejemplo, podemos mantenernos tranquilos y positivos en una situación difícil con los demás, y esa actitud puede influirles de forma tranquilizadora y positiva.

Causas del sufrimiento

Vemos mucho sufrimiento en nuestro mundo y nosotros mismos lo experimentamos de vez en cuando. Todo este sufrimiento tiene causas, que a menudo pueden evitarse si tomamos conciencia de ellas. Un buen ejemplo es el entorno natural de la Tierra. Podemos ver que el medioambiente se está degradando rápidamente, y estamos sufriendo un aumento de tormentas gigantes, huracanes, inundaciones, sequías, olas de calor, cambios en el clima estacional, aumento del nivel del mar y demás. Estos son los resultados de acciones humanas que van desde la superpoblación a la contaminación.

Estas acciones no pretendían causar sufrimiento. Más bien, la intención era crear felicidad. Los propietarios de una fábrica o central eléctrica contaminante se resisten a los controles de la contaminación porque son caros y llevan mucho tiempo y, por tanto, reducen los beneficios que hacen más ricos y —supuestamente— más felices a los directivos, propietarios y accionistas.[23] Están tan convencidos de que su felicidad depende del éxito financiero de su negocio que incluso pueden ignorar el hecho de que tanto ellos como sus familias y amigos podrían estar respirando aire contaminado y los resultados a largo plazo de la contaminación reducen la calidad de vida de todos. El rico propietario de la fábrica puede planear unas vacaciones en el Caribe tan solo para descubrir que su isla favorita ha sido diezmada por un poderoso huracán alimentado por el calentamiento global.

Este ejemplo también muestra cómo las causas del sufrimiento pueden actuar lentamente. La contaminación y el calentamiento de la atmósfera terrestre comenzaron hace siglos, en los albores de la Revolución Industrial. Los efectos han sido graduales y acumulativos. Lo mismo puede ocurrir a menor escala en las relaciones personales. Podemos tratar a los que nos rodean de la manera que nos conviene según nuestras propias ideas de cómo podemos alcanzar la felicidad. Un jefe puede eludir las necesidades válidas de sus empleados simplemente porque le parece inconveniente atenderlas. Un cónyuge puede dominar una

23 No hay que olvidar que los propietarios y gestores de centrales eléctricas pueden sentirse felices suministrando algo que necesita la comunidad humana: energía eléctrica.

relación de un modo que poco a poco genera resentimiento. Un niño puede ser ignorado por sus padres y privado de amor y cariño, lo que conduce a relaciones disfuncionales años más tarde, cuando el niño se convierte en adulto.

También sufrimos mucho a causa de patrones habituales que nos crean expectativas poco realistas. Por ejemplo, te conviertes en un ávido seguidor del equipo de fútbol de tu ciudad. Ves todos los partidos con otros aficionados; te compras una camiseta con el logotipo del equipo. Animas a tu equipo y te mofas de sus mayores rivales, señalando todos sus puntos débiles, lo que les hace «tan patéticos». Al poco tiempo, tienes una creencia arraigada en la «magnanimidad» de tu equipo y en que sus rivales son «malos» y, por tanto, tu equipo debería ganar siempre. Esto se ha convertido en realidad para ti. Llevado al extremo, estalla la violencia entre aficionados contrarios durante y después de los partidos; en algunos casos, ha habido heridos graves y muertos a causa de estas rivalidades. Puedes morir o ir a la cárcel por estas creencias. Pero todo el fenómeno está en la mente del hincha fanático. Los seguidores del «equipo enemigo» tienen las mismas creencias que tú. Mientras tanto, los jugadores solo dan patadas a un balón, ganan mucho dinero e incluso cambian de equipo constantemente. Todo es una ilusión. Pero puede causar mucho sufrimiento.

Una vez más, las actitudes que crean estos patrones de sufrimiento estaban destinadas a proporcionar felicidad a la persona que las practica. Puede parecer más suave y conveniente ignorar a los empleados, al cónyuge o a los hijos. Pero esa pequeña «felicidad» de la conveniencia o de alguna ganancia a corto plazo no puede compararse con el sufrimiento que acaba causando. Y a veces hacemos cosas por costumbre, sin pensarlas, como poner grandes expectativas en que nuestro equipo favorito debe ganar siempre. Rara vez imaginamos que estas acciones y actitudes son causa de sufrimiento.

El pensamiento y las creencias fijas y habituales también pueden acarrearnos problemas, porque nuestra realidad cotidiana no es tan fija. Si la observamos con atención, veremos que la vida es extremadamente fluida y compleja. En su mayor parte, las situaciones y las personas con las que nos encontramos no se ajustan a nuestras expectativas. Todo es variado y cambiante, y hay que abordarlo de uno en uno. Eso requiere una mente despierta, concentrada y, lo que es más importante, flexible. Siendo conscientes, observamos con atención y nos implicamos con una actitud más abierta —con mayor sabiduría y compasión—. Puede que sea difícil o imposible evitar algunas expectativas, pero debemos estar preparados para abandonarlas cuando veamos que no se aplican a una persona o situación determinada. La felicidad surgirá de afrontar las cosas tal y como vienen y tal y como llegas a comprenderlas. El sufrimiento surgirá de esperar que todo se ajuste a tus expectativas y luego sentirte decepcionado y frustrado cuando no sea así.

Debemos descubrir a través de la conciencia y la actitud abierta que esas actitudes rígidas son causa de sufrimiento para los demás y, en última instancia, para nosotros mismos. Un sabio dijo una vez: «Aunque buscan evitar el dolor, los seres corren de cabeza hacia el sufrimiento. Anhelan la felicidad, pero la destruyen tontamente, como si fuera su enemiga».[24] Si contemplamos detenidamente los momentos en que sufrimos, a menudo podemos encontrar su origen en alguna acción equivocada que realizamos en el pasado, pensando que estábamos creando felicidad para nosotros mismos. Participar en esta práctica de observar las causas del sufrimiento despierta y crea conciencia en nosotros para que nos comprometamos menos con tales causas: acciones y emociones negativas, etcétera.

Felicidad suprema y ecuanimidad sin límites

Una vez que hemos empezado a reconocer y cultivar las causas de la felicidad y a eliminar las causas del sufrimiento,

24 En: Śāntideva. (2007). *Bodhicaryāvatāra: An Introduction to the Bodhisattva's Way of Life*, c.1, v.28, trad. Adam Pearcy. Lotsawa House. www.lotsawahouse.org/indian-masters/shantideva/bodhicharyavatara-1.

podemos empezar a experimentar cualidades positivas que van un paso más allá de nuestras experiencias normales en la vida. Encontraremos una felicidad profunda, interior. No se trata de una felicidad ordinaria condicionada desde el exterior, dependiente de las circunstancias. Esta felicidad tiene dignidad y profundidad, equilibrio interior y paz, y es sólida. Emana de la naturaleza profunda de nuestra propia humanidad. Descubrimos que una vez que somos capaces de abrir la mente-corazón en profundidad, esta se vuelve naturalmente inquebrantable, libre de sufrimiento. Debes seguir conectando con ella para nutrirla y que se vuelva inseparable de ti.

Abrirnos cada vez más establece en nosotros una actitud altruista de igualdad y ecuanimidad sin límites en nuestras mentes y corazones. Simplemente eres más abierto de corazón, abierto a todos los seres; y experimentarás la compasión pura. Al ir más allá de la parcialidad —que nos trae sufrimiento— estamos «sin apego ni aversión», liberados de las compulsiones del beneficio propio y de los conflictos con los demás.

Práctica: dar y recibir

Aquí tienes una breve práctica que puedes probar. Su propósito es abrirnos a los demás y a nuestras posibilidades de relacionarnos con todos con bondad amorosa y compasión. *Bondad amorosa* significa desear y dar felicidad a los demás. *Compasión* significa aliviar su sufrimiento.

Siéntate en silencio y respira con atención durante un rato. Siente el peso de tu cuerpo allí donde toca objetos sólidos como el suelo, el cojín, el asiento de la silla, etcétera. Esto te permitirá sentirte más enraizado.

Imagina ante ti a alguien que está sufriendo. Puede ser una persona real (o un animal u otro ser), un grupo de seres o incluso los habitantes de todo el planeta o el universo. Con esto en tu mente, imagina que cuando tomas aire llevas a tu corazón una nube oscura que representa el sufrimiento de los seres que estás visualizando. Imagina que al hacerlo, estos seres se ven aliviados de su sufrimiento. ¡Ah, qué maravilla!

Luego, cuando exhales, imagina rayos de luz que salen de tu corazón y bañan a todos los que estás visualizando. Es una luz de felicidad y bienestar. Imagina que los llenas de alegría, reemplazando todo su sufrimiento y sus causas. Hazlo repetidamente y pon en ello tanta imaginación y sentimiento como puedas. De vez en cuando, es importante que te visualices a ti mismo junto a los demás, a los que estás liberando de sufrimiento y llenando de alegría. Te lo mereces tanto como cualquiera. Nos merecemos nuestra propia bondad amorosa y compasión.

Esta práctica de dar y recibir, llamada *tonglen* en tibetano, potenciará la generosidad y te abrirá cada vez más a los que te rodean. Cuando termines de practicar, descansa tu cuerpo y tu mente abiertamente durante uno o dos minutos. Cuando te acostumbres a esta práctica, podrás realizarla casi en cualquier lugar y en cualquier momento.

Si te sientes incómodo con la idea de asumir el sufrimiento de los demás, es mejor que empieces con esta práctica muy suavemente o que no la practiques en absoluto. Su objetivo no es hacerte sentir incómodo.

Resumen de prácticas

Practica los Cuatro Pensamientos Inconmensurables cuando despiertes. De vez en cuando, contempla el significado de cada una de estas cuatro ideas. Deja que penetren en tu mente y en tu corazón y que guíen tus actividades siempre que sea posible.

Practica la meditación de dar y recibir sobre la bondad amorosa y la compasión como meditación sentada formal y en cualquier situación de la vida en la que te parezca apropiado y cómodo.

TERCERA PARTE

IR MÁS PROFUNDO

Creo que las ideas y prácticas presentadas en la segunda parte, si las asimilamos y las aplicamos con constancia en nuestras vidas, nos aportarán una mayor felicidad. No solo seremos capaces de manejar mejor la velocidad y la complejidad de la vida moderna, sino que también crearemos las causas de un estilo de vida equilibrado, positivo y gratificante. Al ser conscientes de las causas de la felicidad y el sufrimiento, podremos movernos en dirección a esta y alejarnos de aquel. ¿Qué más podemos pedir? Sin duda, no es poco lograr algo como esto.

A pesar de todo, si podemos cultivar una comprensión aún más profunda de cómo aparecen la felicidad y el sufrimiento en nuestras vidas y de su verdadera naturaleza, nuestras preocupaciones al respecto darán paso a una profunda relajación y facilidad, una serenidad que en gran medida no se ve afectada por los inevitables altibajos de la vida. Entraremos en contacto directo con «la felicidad que no tiene sufrimiento» y «la ecuanimidad sin límites».

7

LA ESENCIA DE LA FELICIDAD Y EL SUFRIMIENTO

Siéntate cómodamente como cuando practicas la meditación sentada del *mindfulness*. Respira hondo varias veces y relaja el cuerpo, recorriéndolo de la cabeza a los pies. Cuando encuentres tensión física, suéltala. Relaja todo el cuerpo. A continuación, concéntrate en tu respiración y cuenta las inhalaciones y exhalaciones del uno al diez una y otra vez hasta que tus pensamientos empiecen a disminuir y la distracción mental también se reduzca. Deja que tu atención se concentre y, si es posible, extiéndela hasta abarcar toda la duración de cada inhalación y cada exhalación.

Una vez que te hayas centrado y calmado cómodamente, observa cualquier tensión mental que pueda estar presente. Incluso si has sido capaz de abandonar las distracciones procedentes del exterior o del pensamiento, observa que puede generarse cierta tensión simplemente por tu intención de meditar —es decir, por querer relajar el cuerpo y centrar la mente—. Ahí hay una sutil expectativa. Y donde hay expectativa hay juicio: «¿Estoy consiguiendo lo que quiero? ¿Esto me hace feliz?» Puede ser solo un susurro.

Cuando actuamos intencionadamente, tenemos un objetivo; por tanto, generamos expectativas. Queremos que ocurra algo, anticipamos resultados positivos; en este caso, una «buena meditación». Pero sabemos por experiencia que lo «bueno» no está garantizado. Esperamos una cosa y tememos la contraria. Si tienes una «meditación muy buena» o una «meditación muy mala», esos juicios pueden predisponerte para tu próxima sesión de meditación: «¿Podré hacerlo tan bien como la última vez?» o «espero hacerlo mejor que la última "mala" sesión». Mientras sigues sentado en silencio, fíjate si esa tensión sutil de las expectativas se cuela en tu meditación de vez en cuando. Después, deja que las tensiones desaparezcan.

Ver la mente a un nivel más profundo

Nuestra búsqueda de la felicidad y de evitar el sufrimiento ha sido el tema principal de este libro. Al principio considerábamos las dificultades creadas por nuestro mundo moderno, impulsado por lo digital, y los muchos tipos de condicionamientos humanos que lo alimentan. Luego ofrecí puntos de vista y prácticas para ayudar a equilibrarnos en la vida, aportarnos mayor felicidad y reducir el sufrimiento, especialmente el que se experimenta en forma de ansiedad y estrés. Pero nunca nos preguntamos: «¿Existen realmente la felicidad y el sufrimiento?».

Por supuesto que la felicidad y el sufrimiento existen. Todos experimentamos algo que llamamos como tal. Pero, *¿de qué manera* existen? En el nivel burdo, hay grandes y extáticos subidones que vienen, por ejemplo, de ganar la lotería o del placer sexual. También existen todos los sufrimientos físicos intensos, así como el dolor que viene desde la pérdida de seres queridos, del hogar o de la fortuna.

En el moderno nivel del día a día tenemos la felicidad y el sufrimiento comunes de los que hablamos en la primera parte. Si los examinamos y descubrimos sus causas, tenemos una posibilidad razonable de hacer nuestras vidas más felices y positivas. Eso por sí solo puede ser una gran mejora. Pero hay un nivel más sutil y dominante de nuestro comportamiento que nos condiciona, algo que susurra en segundo plano. Nuestros deseos, anhelos e intenciones generan automáticamente expectativas. Y a medida que actuamos en busca de esos resultados deseables, nuestras expectativas generan la creencia de que son reales y capaces de hacernos felices o satisfechos.

Nuestro deseo actual puede ser tan inocente como pelar la piel de una manzana. «¿Puedo quitarla toda en una espiral continua?». Mientras aplicas el cuchillo y giras la manzana, puedes estar confiado («Es pan comido. ¡Lo he hecho mil veces!»), o puedes estar nervioso e inseguro. Te has creado una expectativa de éxito. Si la cáscara se rompe, hay decepción —un poco de sufrimiento—. Si llegas hasta el final, hay un destello de felicidad. Todo por una cáscara de manzana. ¿Te suena familiar?

En la vida moderna, a menudo pensamos que nuestra felicidad debería ser automática, algo que se consigue haciendo clic en nuestros dispositivos digitales. Como hemos visto, los desarrolladores digitales configuran sus aplicaciones para que recibamos recompensas diseñadas para mantenernos enganchados a sus productos. Pero al final nuestros clics nos llevan a molestas distracciones, como anuncios, notificaciones y llamadas robotizadas. Y a veces nuestros clics no funcionan, como cuando el internet va lento o nuestro móvil está demasiado lejos de una antena. Nuestras expectativas positivas —muchas de las cuales pasan desapercibidas— acaban en decepción.

Esta búsqueda persistente de la felicidad crea una preocupación primordial, una tensión, sobre los resultados. Hay *esperanza* de felicidad y *miedo* al sufrimiento. En realidad, son las dos caras de una misma moneda. Si esperas algo, esto suele incluir el miedo a que tu esperanza no se haga realidad. Y si temes algo, está implícita la esperanza de que no ocurra. La esperanza y el miedo son una forma de condicionamiento común y muy arraigada en la mayoría de nosotros. Podemos verlos en acción —a veces de forma muy sutil y otras de forma bastante evidente— en muchas de nuestras actividades, especialmente cuando miramos hacia el futuro: «¿Tendré una buena entrevista y conseguiré el trabajo?» «¿Qué dirán los resultados del examen?» «¿Le pareceré interesante a mi cita?». La esperanza y el miedo ayudan a soldar nuestros hábitos condicionados.

Cuando examinamos esto a través de la lente de la esperanza y el miedo, nuestra intención de ser felices adquiere una perspectiva diferente. Aunque buscar la felicidad y evitar el miedo es bastante natural, nuestra educación, cultura y experiencia vital pueden llevarnos fácilmente a expectativas poco realistas. Podemos interiorizar nuestra esperanza de felicidad y el miedo al sufrimiento con la expectativa de que siempre seremos felices y nunca sufriremos. Cuando ese sueño imposible se trunca una y otra vez, sufrimos.

Observar la felicidad y el sufrimiento de este modo deja claro que tienen más que ver con nuestra mente —nuestra mentalidad— que con cualquier otra cosa. Empiezan a adquirir la cualidad ilusoria del partido de fútbol descrito en el capítulo anterior. Si creemos que el equipo de las camisetas azules es «nuestro equipo», «el mejor» y «debe ganar», entonces, al creerlo, lo hemos hecho realidad. Nuestra fijación en un conjunto de creencias hace que las cosas sean reales para nosotros. Pero muchas de nuestras creencias —en las que basamos nuestras expectativas— no solo son irreales en sí mismas, sino que además ignoran el hecho de que las condiciones de la vida cambian constantemente. Buscar la felicidad de este modo es como intentar dar con flechas torcidas en un blanco móvil.

¿Qué es real?

Pensemos en lo siguiente: Si diferentes personas, grupos, nacionalidades o incluso especies animales ven un objeto común de forma diferente, ¿hasta qué punto es real ese objeto, hasta qué punto es «común»? ¿Ven las distintas mentes el mismo objeto de forma diferente? ¿O están viendo objetos diferentes? Por ejemplo, ¿existe el *buen clima* si diferentes personas tienen distintas opiniones al respecto? ¿O una *cama cómoda*? ¿O *buena comida*? A mí me han servido comida mexicana y me han advertido de que era *muy picante*, pero me ha parecido bastante suave en comparación con lo que es *muy picante* para la mayoría de los tibetanos que, como yo, han crecido con comidas que pican fuertemente.

Puedes señalar un objeto físico —una piedra, una barandilla de hierro— y decir: «Eso es sólido. Eso es real». Pero incluso para la física moderna, que examina de cerca la naturaleza de los objetos físicos, la realidad ha adquirido un significado muy ambiguo. Los átomos que supuestamente componen una piedra, un poco de hierro o cualquier otra cosa no son *sólidos*. Y las partículas subatómicas que representan la realidad fundamental de estos elementos no tienen cualidades fijas y consistentes. Rasgos tan básicos como localización, velocidad, dualidad onda-partícula, espín, medición y otros aspectos de la *realidad* no pueden establecerse como se esperaba. Más bien, la forma en que el científico diseña el experimento influye decisivamente en el resultado, en la *realidad*. Incluso la física está muy insegura sobre lo que es físicamente cierto y reconoce hasta qué punto la realidad física depende de la mente humana.[25]

Considerando estos ejemplos, ¿hay una sola *cosa* que podamos señalar consistentemente y decir «sí, eso es felicidad y eso es sufrimiento»? No podemos hacerlo, ¿verdad? No todo el mundo sufre por las mismas causas y no todo el mundo ve el sufrimiento de la misma manera. Si el sufrimiento tuviera una existencia absoluta, concreta, inherente e irrefutable, tendría que hacer daño de forma constante en todos los casos. Pero sabemos que no es así. Las causas varían enormemente, también para la felicidad.

---

25 Esta ambigüedad se ha demostrado en el experimento de interferencia de doble división, el principio de incertidumbre, la complementariedad y otras investigaciones establecidas. Véase Greenstein, George y Zajonc, Arthur G. (1997). *The Quantum Challenge: Modern Research on the Foundations of Quantum Mechanics*. Sudbury, MA: Jones and Bartlett.

En un extremo del espectro tenemos al masoquista, que obtiene felicidad de lo que normalmente llamaríamos dolor y sufrimiento. En el otro, hay personas crónicamente deprimidas que rara vez obtienen placer de algo. Pero explorar la naturaleza de la realidad de la felicidad y el sufrimiento no es una cuestión abstracta y filosófica. Se trata más bien de la esencia de nuestra forma de ver y experimentar la realidad.

Lo que aquí se da a entender es que la felicidad y el sufrimiento pueden ser reales a un nivel relativo, según lo que las culturas humanas y los periodos históricos han aceptado como la realidad de ello. Pero si se examinan con detenimiento, no son más que ideas que no tienen por qué ajustarse a la experiencia de un individuo. Tomemos el dolor físico, por ejemplo. Podría parecer que el dolor de una lesión o enfermedad viene determinado por el traumatismo que sufren los tejidos y los mensajes que envían los nervios, solo eso. Pero sabemos que podemos distraernos del dolor físico, y también que al concentrarnos y preocuparnos por este, podemos hacer que la experiencia sea mucho más dolorosa —tanto física como mentalmente—. Sin embargo, al aceptar el dolor, podemos liberar la tensión mental que lo provoca. Entonces, si en lugar de centrarnos en una sensación física —como un dolor en el pie— ampliamos nuestra atención al cuerpo en su conjunto, podemos tener una experiencia nueva y menos «dolorosa». Esta receptividad libera el dolor y favorece la curación. Es algo que yo mismo he experimentado.

En cuanto a los dolores mentales y emocionales, todos hemos desarrollado estrategias para manejarlos, para disminuir su impacto. Una forma es desviar la atención del objeto del sufrimiento hacia otra cosa. Digamos que te han robado el coche y estás muy preocupado: «¿Lo recuperaré? ¿Cómo podré hacer todas las cosas que tengo que hacer cada día sin coche? ¿El seguro me pagará uno nuevo?». Pero ahora estás en el trabajo y te obligas a concentrarte en la tarea que tienes entre manos. Si lo haces con éxito, la realidad para ti es tu trabajo en ese momento y no tus preocupaciones por el coche robado. Desatendidas, desaparecen temporalmente.

Además de desviar nuestra atención de los pensamientos desagradables, podemos utilizar la aceptación. Cuando nos resistimos a algo desagradable, creamos más tensión y sufrimiento. Al aceptar las cosas, liberamos esa tensión y reducimos nuestro sufrimiento. ¿Cómo podemos desarrollar la aceptación? Una forma es adoptar una visión más amplia, abierta y espaciosa de la vida. Podemos llegar a esta visión contemplando los altibajos de la vida, lo cambiante e impermanente que es y cómo la realidad de los fenómenos —incluidos la felicidad y el sufrimiento— depende en gran medida de nuestra mentalidad. Nuestros condicionamientos, nuestros hábitos, hacen que nos establezcamos limitadamente en lugar de abrirnos a esta visión más aceptadora, flexible y espaciosa.

Puesto que la felicidad y el sufrimiento dependen tanto de nuestra mente y de cómo veamos las cosas, no tenemos por qué ver los altibajos de la vida como algo tan deseable o tan amenazador. Podemos relajar esa tensión y aceptarla. Piensa en una soga de colores. Puede que no nos guste cada uno de los colores, pero la soga en su conjunto puede ser muy hermosa. Condicionarnos a este punto de vista tan razonable puede transformar toda nuestra actitud ante la vida.

Esto es especialmente importante en las relaciones humanas. Supongamos que decides hacerle un favor a un amigo. Esperabas que tu acto de amabilidad fuera efectivo y suscitara su agradecimiento. Pero eso no ocurrió y te enfadaste un poco. ¿Cuál es una buena manera de afrontarlo? En primer lugar, si tu intención estaba centrada en la felicidad de él, no deberías culparte. Pero, ¿por qué culpar a tu amigo? Hay muchas cosas que pueden haber provocado su fría reacción. Puede que hayas juzgado mal el estado de ánimo de esa persona en ese momento concreto. Puede que no hayas entendido qué tipo de cosas lo satisfacen. En lugar de sentirte herido y cerrarte en banda, puedes ser abierto y explicar simplemente tus motivos y preguntarle por su reacción. Todos somos diferentes, y lo mejor es aceptarlo.

Esta actitud abierta es especialmente importante entre grupos étnicos, raciales y nacionales. El sufrimiento humano causado por los prejuicios y la intolerancia es incalculable. Tanto las guerras y otros conflictos armados como las venganzas e incluso las peleas de bar demuestran lo resbaladiza que puede llegar a ser la «felicidad». Entusiasmados por la esperanza de derrotar a un enemigo y experimentar el placer de salir victoriosos, el conflicto en el que nos involucramos puede acarrearnos grandes daños y sufrimientos. Incluso si ganamos, nuestro enemigo puede volver algún día para hacernos daño. Las guerras provocan tanta destrucción que grandes partes del planeta sufren, por no hablar de las víctimas y sus familias; todo por la «felicidad».

Tantas tragedias como guerras, masacres, genocidios, extremismos políticos y tantas otras atrocidades se podrían evitar con una actitud más abierta y comunicativa. Son producto de mentes cerradas, nada más. Y ahora forman parte de nuestro entorno digital. Me refiero concretamente a las redes sociales motivadas por el odio. Hemos visto cuánta confusión y sufrimiento pueden causar. La variedad de culturas humanas y las diferencias individuales enriquecen la vida humana en la Tierra. Negar esa diversidad ha causado obviamente un gran sufrimiento.

Autoconocimiento

Si la felicidad y el sufrimiento, tal y como los vemos normalmente, no son fijos, no son reales, ¿cómo podemos encontrar la «felicidad sin sufrimiento» y la «ecuanimidad sin límites»? ¿Cómo podemos llegar a una comprensión tan profunda de esto que alcancemos una profunda alegría y serenidad? Podemos hacerlo a través de la meditación formal y aplicando el *mindfulness* en la vida cotidiana. La «felicidad sin sufrimiento» es una experiencia que va más allá de las dualidades felicidad-sufrimiento y esperanza-miedo. Y la «ecuanimidad sin límites» es una cualidad abierta y uniforme, libre de los sesgos de la atracción y la aversión. En realidad, nuestra búsqueda no es la felicidad, sino el autoconocimiento. Poner el énfasis en este —en la comprensión de la mente-corazón— nos proporciona un punto de partida fiable. Es como subir a la cima de la montaña más alta para poder ver la disposición del terreno y cómo encaja todo. Puesto que la mente es un actor tan poderoso a la hora de determinar la realidad de las cosas para nosotros los humanos, conocerla bien nos conducirá a una felicidad más profunda, fundamental y abarcadora.

Ya hemos comenzado este proceso examinando nuestro condicionamiento personal y cómo se relaciona con nuestro uso de los medios digitales. Ahora, mediante el desarrollo de una comprensión más sutil de la naturaleza misma de la felicidad y el sufrimiento, podemos ver más claramente cómo surgen nuestros pensamientos y sentimientos y cómo colorean e incluso crean la «realidad».

Práctica: Meditación sobre la esperanza y el miedo

Siéntate cómodamente y céntrate mediante cualquier método que te haya resultado eficaz en tu práctica del *mindfulness*. Date el tiempo que necesites para alcanzar un estado de relativa calma.

Ahora dedícate un rato a la meditación conceptual. Piensa en la esperanza y el miedo en términos de la discusión anterior. ¿En qué se parecen la esperanza y el miedo, unidos como las dos caras de una misma moneda? ¿Cómo surgen de las expectativas? ¿Cómo se relacionan con tu búsqueda de la felicidad y la evitación del sufrimiento? Busca algunos ejemplos de tu propia experiencia.

Después de explorar el papel de la esperanza y el miedo en tu vida y en tu mente, céntrate de nuevo en la calma, tal vez concentrándote en tu respiración, y permanece así unos minutos. Ahora simplemente observa tus pensamientos a medida que surgen, sin interactuar con ellos, sino simplemente notándolos. Si surge algún pensamiento relacionado de algún modo con la esperanza y el miedo —podría ser algo como tu esperanza de que esta sesión de meditación sea «exitosa»—, cuando lo reconozcas, déjalo ir. Incluso puedes exclamar, «¡ah!», volver a la respiración y permanecer ligeramente atento al siguiente pensamiento que surja. No bloquees tus pensamientos. No tengas ninguna expectativa sobre ellos. En la medida de tus posibilidades, no interactúes con ellos produciendo secuencias de ideas relacionadas. Simplemente deja que surjan espontáneamente como si fueran nubes que aparecen en el horizonte. Cuando seas consciente de un pensamiento relacionado con el tema de la esperanza y el miedo, simplemente reconócelo. Luego déjalo pasar y sigue observando.

Pon fin a tu sesión cuando quieras.

Cuando te hayas acostumbrado a este estilo de meditación, permítete realizarla espontáneamente durante las actividades cotidianas. Observa la esperanza y el miedo en cualquier situación o actividad que surjan. ¿Esto te ocurre raramente? ¿O son pensamientos habituales o incluso dominantes?

Decondicionamiento

Este ejercicio de meditación introduce una nueva forma de relajar los condicionamientos que pueden estar limitándonos. Antes empleábamos métodos de decondicionamiento más lógicos y dirigidos. Usábamos ejercicios como la paciencia y la apertura, las Cuatro Aplicaciones del *Mindfulness*, las Seis Cualidades Valiosas y los Cuatro Pensamientos Inconmensurables para darnos mayor flexibilidad y dominio sobre nuestro comportamiento. Aunque pueden llegar a ser bastante sutiles, esos ejercicios, tal y como se han presentado anteriormente, no lo son tanto como la meditación sobre la esperanza y el miedo. Esta meditación libera los patrones habituales en su origen, espontáneamente en el momento en que surgen en la mente. No lo hace aplicando instrucciones, sino a través de un reconocimiento simple y directo. Este enfoque sutil requiere sensibilidad y perseverancia, pero tiene la doble ventaja de aumentar nuestro autoconocimiento al tiempo que debilita lentamente y acaba eliminando nuestro compromiso automático con la esperanza y el miedo.

He conocido a personas cuya felicidad parece ser profunda y estable. Puede que tú mismo conozcas a personas así. Están contentas con la vida e irradian serenidad. Eso puede deberse a que no se fijan ni en la felicidad ni en el sufrimiento. Aceptan que la felicidad y el sufrimiento forman parte de la vida, y saben que el exceso de esperanza y miedo les hará estar ansiosos por el futuro, arrepentidos del pasado y ausentes del presente. Esta actitud perspicaz hace que sea más fácil aguantar los golpes. Y no significa que la vida vaya a ser simplemente anodina, con las emociones amortiguadas para evitar el dolor. Los grandes gozos y dolores se experimentarán en el momento en que ocurran, pero no se insistirá en ellos de forma exagerada. No interferirán con el flujo abierto y relajado de la vida. Por el contrario, se reconocen como parte de ella.

Esta es una de las razones por las que en la meditación *mindfulness* se nos aconseja simplemente volver al objeto de atención cuando nos distraemos y no darle demasiada importancia. Confiamos en que el proceso de volver a centrarnos una y otra vez mejorará de forma natural nuestra meditación con el tiempo. Y así es. Del mismo modo, cuando le damos demasiada importancia a los altibajos de la vida, nos obsesionamos con ellos y se convierten en preocupaciones de fondo, en molestas distracciones que pueden surgir en cualquier momento. Introducimos tensión y la mantenemos como una corriente subterránea en lugar de abandonarla y permanecer abiertos y presentes.

Recuerda una vez más cómo las dos últimas afirmaciones de los Cuatro Pensamientos Inconmensurables hablan de «la felicidad que es sin sufrimiento» y de «ecuanimidad sin límites». Es a través de meditaciones más sutiles, similares a la meditación sobre la esperanza y el miedo, que podemos llegar a la profunda alegría de la que hablo. Comenzaremos a dedicarnos a esto más íntimamente a través de las explicaciones y prácticas dadas en la cuarta parte, «El valor de un camino espiritual».

8

EL MISTERIO DE LA INTERDEPENDENCIA

A medida que leas este libro —absorbiendo la narración y probando las meditaciones y ejercicios— es posible que te surjan preguntas más profundas. Parte de lo que has leído puede estar relacionado con tu propia curiosidad natural sobre quién y qué eres: ¿hay algo más allá debajo de tu personalidad? Puede que mis palabras se parezcan a tus propias observaciones sobre tu vida interior y a cómo esta se relaciona con el mundo exterior de las personas y las cosas. En este capítulo exploraremos una perspectiva de la vida que puede ayudarnos a responder algunas de estas preguntas: la visión de la interdependencia.

Internet, desde su desarrollo en los años ochenta, es un espléndido ejemplo de interdependencia. Recordemos que a esta también se le llama World Wide Web (como la www que precede a la URL, el localizador universal de recursos o dirección de internet). Como sabemos, la red que interconecta la realidad virtual de nuestro mundo digital es inmensa e indescriptible. Está formada no solo por sus diversos y numerosos dispositivos digitales, sino también por los muchos seres humanos que interactúan con ellos. Son miles de millones de personas con aún más piezas de *hardware* digital. Por supuesto, el *software* también forma parte de él. Y estos cambian constantemente: nuevos equipos y programas actualizan los antiguos, y a menudo con gran rapidez. Nacen nuevos usuarios y mueren los antiguos, por lo que la población humana de participantes cambia constantemente. Aquí vemos que la impermanencia también es un aspecto de esta realidad virtual.

En la World Wide Web, todo depende de otras partes de ella misma para su funcionamiento. Las principales aplicaciones, como el correo electrónico y los navegadores web dependen de ordenadores centrales de gran capacidad. Estos también dependen de sistemas de *hardware* que a su vez dependen de la producción de electricidad y de las demás actividades implicadas en la construcción de dispositivos —la extracción de minerales y el procesamiento del silicio para hacer chips, el refinado del petróleo para obtener fundas de plástico, etc.—. Este círculo de interdependencia material podría ampliarse mucho más. Por ejemplo, podríamos incluir también a las personas que realizan todas las actividades relacionadas con ella y todo lo que las sustenta, incluso los alimentos que consumen.

Pero aún más interesante y reveladora es la danza de la realidad virtual que impregna todas las interacciones humanas con la web. Nos relacionamos a diario, accediendo a ella visualmente en nuestras pantallas. Para ello utilizamos la vista y la imaginación visual. Al principio nos enseñaron a hacerlo a través de medios analógicos como el cine y la televisión. Incluso los antiguos teléfonos fijos nos animaban a imaginar el aspecto físico de las personas con las que hablábamos. Ahora, cuando investigamos, en lugar de entrar en una biblioteca y acceder a un catálogo de fichas, tecleamos nuestra consulta en un navegador y obtenemos respuestas que pueden incluir vídeos.

¿Dónde ocurre todo esto? ¿Qué ha sustituido a la biblioteca llena de libros, diccionarios, enciclopedias, periódicos, etc.? ¿Qué ha sustituido a las comunicaciones presenciales en las que podíamos alcanzar y tocar a la persona con la que hablábamos? En realidad, no lo sabemos exactamente. El término realidad virtual está muy bien elegido. Una definición de diccionario de la palabra virtual es «en efecto, aunque no de hecho».[26] Entre

26 *Webster's New World College Dictionary*. (1996). 3ra ed. Nueva York: Simon and Schuster.

los sinónimos se encuentran *potencialmente*, *posible*, *latente*, *entre líneas*, *aproximado* y *no manifestado*. Una realidad virtual no está del todo ahí, no es del todo real.

Todas estas «partes» de internet son interdependientes. Si observamos cada parte o nexo de la red, veremos que surgen de forma interconectada. Esto se aplica a las cosas que aparecen visualmente en las pantallas y a las respuestas de nuestra mente, nuestra imaginación. También ocurre con las partes materiales de la web. Para unir todas esas partes se necesitaron a las mentes humanas desarrollando la física y la química durante siglos y a los diseñadores modernos que aplicaron esos conocimientos científicos. También participaron las mentes de los empresarios que vieron el potencial económico de internet.

Por supuesto, se pueden imaginar muchas más piezas que contribuyen a la World Wide Web. Pero lo importante es que la internet depende de cada una de estas piezas para existir. La web no es algo independiente, sólido, autónomo y aislado. Como realidad virtual, no es del todo real en los términos que solemos aplicar a la realidad —términos que se refieren a «cosas» independientes—. ¿Qué tipo de realidad es la internet entonces? ¿Se puede entender como entendemos otras realidades? Parece que no.

Pero esta cuestión va más allá. También se aplica a los objetos «sólidos», como tu *smartphone*. Hace uno o dos años, existía como un montón de materias primas, quizás en almacenes de China. Después se procesaban, se combinaban en una fábrica y se enviaban a la tienda donde se compraba. Pero ni siquiera tu nuevo móvil es estable. Si se te cae, la pantalla puede agrietarse. Una pieza interna puede soltarse. Puede que le caiga café encima. La batería se va degradando poco a poco. También el *software* se actualiza constantemente, al igual que el contenido con el que interactúas. Tu teléfono sufre cambios, no siempre es el mismo. Y cuando lo reciclas para comprar uno nuevo, se desmonta una vez más. Sus componentes se separan, tal vez se colocan en diferentes contenedores en una instalación de reciclaje marcados como «plástico», «cableado», «chips», «aluminio», etc. El *software* desaparece en el aire. El teléfono es su propia realidad virtual. A lo largo de todo el proceso, es solo aparentemente el *smartphone* que imaginamos que es, al igual que todos sus componentes son también aparentemente lo que les ponemos de nombre. La realidad de tu móvil en sí es virtual.

Puedes extender esta exploración de la interdependencia a todas las cosas. Este podría ser un tema interesante para tener en cuenta: «¿Puedes encontrar *algo* que exista de forma independiente?». Inténtalo. Creo que llegarás a la conclusión de que todo existe de forma interdependiente. La consecuencia de este descubrimiento —que se corresponde con lo que descubrimos en el capítulo anterior utilizando un enfoque diferente— es, una vez más, que las cosas no existen de la forma que suponemos normal y habitualmente. Nos han enseñado a creer que las cosas son independientes, que son cosas en sí mismas, unificadas, autosuficientes. Y, por supuesto, para que el mundo funcione y podamos comunicarnos tenemos que utilizar esta creencia inexacta y convencional, este «código». Pero esta visión estándar de las cosas es ilusoria.[27]

Esta visión de la interdependencia se resume muy bien en la siguiente cita de Buda Shakyamuni hacia el 500 a.e.c.

> Cuando esto es, aquello es.
> Del surgimiento de esto viene el surgimiento de aquello.
> Cuando esto no es, aquello no es.
> Del cese de esto viene el cese de aquello.[28]

---

27 Lo mismo ocurrió con la física. La física convencional de Isaac Newton, que se consideró válida hasta 1900 aproximadamente, contenía todo lo necesario para construir un ferrocarril o enviar un cohete al espacio. Pero las leyes de la física convencional no podían producir tecnologías como chips de ordenador o computadoras cuánticas, que se basan en una comprensión más «virtual» (y precisa) de la realidad física.

28 De su *Paṭiccasamuppāda*, una enseñanza sobre el surgimiento dependiente.

Nosotros, que experimentamos la felicidad y el sufrimiento

¿Por qué es importante saber todo esto? ¿Por qué necesitamos buscar una verdad más fundamental y válida si el mundo humano funciona normalmente creyendo que todo es independiente y «real»? Porque esta visión de la interdependencia también se aplica a nosotros como individuos. Los seres humanos también somos una realidad virtual. Todo lo que se aplica a un *smartphone* se aplica a nuestros cuerpos. Y nuestras mentes —donde definimos «¿quién soy yo?»— también son un conjunto interdependiente de pensamientos, emociones y percepciones. No es de extrañar que internet, que inventamos los humanos, se base en la mente humana. Todo en todas partes —incluido la internet y nuestras mentes— depende de algo más. «Cuando esto es, aquello es». Todo carece de identidad propia, está vacío de la identidad autocontenida que suponemos que tiene, y eso nos incluye a «nosotros». Como mínimo, ignorar esto nos lleva a tomarnos a nosotros mismos demasiado en serio. En el peor de los casos, una creencia fija en cosas independientes y realmente reales suele dar lugar a interacciones y actividades humanas desastrosas. Por ejemplo, en lo que se refiere a la felicidad y el sufrimiento, ¿cuál es la raíz del odio y la violencia entre humanos? Para caer en una reacción violenta es necesario que tu sentido del yo se sienta amenazado, insultado o, de algún modo, irritado o herido. He aquí algunos ejemplos comunes.

Vas caminando por un mercado abierto, dándole vueltas a un problema de tu vida, y alguien te empuja accidentalmente. Reaccionas empujándolo o incluso golpeándolo, defendiendo tu «yo».

Alguien de la etnia «inapropiada» pasea por tu barrio y piensas o incluso gritas epítetos racistas, tal vez incluso amenazando físicamente a esa persona.

Desde un sentimiento de patriotismo (identificación con tu nación), te alistas en las fuerzas armadas y vas con entusiasmo a la guerra contra el «enemigo» que cree en un sistema político o una cultura religiosa que te desagrada o es de una etnia considerada como rival (por supuesto, el «enemigo» siente lo mismo por ti).

Un amigo, pariente, cónyuge o vecino hace un comentario que hiere tu orgullo o toca un punto delicado en tu vida. En respuesta, gritas y sueltas improperios.

Podríamos añadir fácilmente más ejemplos a esta lista y crear otras que ejemplifiquen emociones negativas como los celos, el orgullo, el apego y la torpeza/ignorancia. Estas son fuentes comunes de sufrimiento.

Si no creyéramos que existimos de forma independiente —tanto en términos de cómo nos identificamos internamente con nuestros pensamientos, emociones y percepciones como también en cómo ignoramos nuestra identidad interdependiente con otros seres— no tendríamos base para el sufrimiento personal. ¿*Quién* estaría ahí para sufrir y hacer sufrir a los demás? Si superamos el mito de nuestra identidad independiente y nos tomamos a nosotros mismos mucho más a la ligera, es posible una vida de gran felicidad generalizada.

Entonces, ¿quién o qué soy?

Como todos sabemos, hoy en día se presta mucha atención al entorno natural. La propia palabra, *entorno*, se refiere simplemente a lo que rodea a algo o a alguien. Más profundamente, ese algo o alguien forma parte de lo que le «rodea». Un entorno es una interconexión, un bucle de retroalimentación masiva. Todo forma parte y depende de todo lo demás. Podemos verlo fácilmente en el mundo natural. Esto es especialmente trágico, ya que es el olvido de nuestra interconexión con el entorno terrenal y nuestra dependencia de él lo que nos ha llevado a actuar con tanta despreocupación, como si las actividades humanas no tuvieran nada que ver con el equilibrio y la salud de nuestro planeta.

La mente también puede considerarse un entorno virtual. En él, pensamientos, sentimientos y percepciones aparecen y desaparecen, moviéndose de un lado para otro. ¿Moviéndose a través de qué? Normalmente responderíamos que pasan por la mente o la consciencia. Pero, ¿podemos encontrar *algo* que se corresponda con la mente o la consciencia?, ¿o es igual al caso en el que no podemos decir «*esto* es la internet»? Una vez más, llegamos a la naturaleza de la realidad virtual: «en efecto, aunque no de hecho».[29]

Si nuestra felicidad depende en gran medida de nuestras mentes —si son nuestras mentes las que dirigen nuestras acciones (que pueden provocar las causas de la felicidad y el sufrimiento)—, sería una buena idea conocer muy bien nuestras mentes. Para ello, debemos investigar si son como he sugerido o no. Aquí, la meditación —la meditación conceptual y los acercamientos más profundos y directos— puede ayudar mucho. Una vez más, vemos que nuestra felicidad y nuestro sufrimiento dependen del autoconocimiento. Ya vimos al principio de este libro que esta capacidad —cuando hablábamos de lo que los diseñadores de *apps* saben de nosotros— es clave para equilibrar nuestra relación con el mundo digital.

Podemos empezar esta búsqueda dividiendo nuestra comprensión de la mente en dos aspectos: el convencional o condicionado y el definitivo o incondicionado. ¿Puede este paradigma ayudarnos a comprender quiénes y qué somos? Este modelo sugiere que nuestros puntos de vista y actividades convencionales, en los que vemos las cosas como relativamente reales, es la forma en que la sociedad humana se ha condicionado a sí misma para

29 La neurociencia tiende a identificar la mente con el cerebro. Pero aunque es evidente que están relacionados, no hay ninguna prueba científica sólida de que sean la misma cosa.

funcionar. También sugiere que a menudo cometemos el gran error de asumir falsamente que la realidad convencional es fundamentalmente verdadera y «real». Al hacerlo, a menudo nos decimos a nosotros mismos: «Yo soy esto», «Yo creo en aquello», aunque con frecuencia estemos cambiando, desplazándonos, convirtiéndonos en otra cosa. Podemos notar que los elementos que conforman nuestra identidad son diferentes cuando, por ejemplo, estamos en una situación cómoda y cuando estamos incómodos. De hecho, podemos observar esta capacidad de cambio en cada situación en la que nos encontramos. Habrás oído el comentario: «Hoy no es ella misma». ¿Somos realmente alguna vez un yo inmutable e independiente? Obsérvate atentamente en muchas situaciones y lo sabrás.

Práctica formal sobre la interdependencia

Durante un tiempo y en un lugar donde puedas sentarte tranquilamente durante un rato, empieza por relajar el cuerpo y centrarte en la respiración. Una vez que te hayas centrado, practica el *mindfulness* de la siguiente manera: empieza a observar tus pensamientos y deja que fluyan sin bloquearlos ni interrumpirlos. Obsérvalos sin reaccionar. Contempla si aparece en tu mente algún pensamiento sobre tu identidad: «¿Quién está meditando?». Si no es así, revisa en algún momento cómo te identificas a ti mismo, el observador. ¿Estás «tú» asociado con una parte concreta de tu cuerpo o posiblemente con tu cuerpo en su conjunto? ¿Te identificas con algún pensamiento —«yo»— que puede ser solo el sonido de esa palabra, o puede ser una sensación visual, emocional o de otro tipo? ¿Te vienen a la mente recuerdos asociados a tu identidad, por ejemplo, «yo» en diferentes situaciones? Quizás algunos de ellos tengan que ver con momentos importantes y definitorios de tu vida. Tu sentido del yo puede ser a veces una combinación de algunas de esas apariencias, algo que puede cambiar. Si descubres esas identidades del «yo» en tu meditación, ¿son siempre las mismas? Después de realizar esta práctica durante un tiempo, pregúntate finalmente si has observado algún «yo» permanente, inherente e independiente (y si lo has hecho, *¿quién* lo ha visto?).

Si la noción de interdependencia tiene sentido para ti —especialmente después de haber meditado sobre ello a lo largo del tiempo—, puedes utilizar la visión de la realidad convencional versus la definitiva como base para un mayor autoconocimiento. En cierto sentido, ambas no están separadas ni son opuestas. La realidad convencional surge de nuestra naturaleza más profunda y original: nuestra inteligencia e intuición innatas. Cuando aprendemos algo o hacemos algo, hay una comprensión —una chispa de conocimiento o una «luz»— que es consciente de los fenómenos en el momento en que aparecen. Esta parte incondicionada de nosotros puede aparecer tan rápidamente que no nos demos cuenta. No interpreta ni evalúa ni encasilla los fenómenos. Simplemente «sabe» en el sentido más directo y básico. Es como cuando te quemas el dedo en una superficie caliente. Lo experimentas directamente —¡ay!—. Reconocerlo como «caliente» viene a continuación. La *experiencia* de «caliente» no está condicionada. Saber «qué es» y «qué lo causó» viene un momento después, desde el condicionamiento: experiencia y aprendizaje. Para comprender esta conciencia conocedora en la experiencia directa se requiere práctica y una guía sutil. Exploraremos esto en la cuarta parte.

Desarrollar la visión de la interdependencia

Comprender la interdependencia es muy beneficioso en muchos aspectos de nuestra vida, incluidas nuestras relaciones con los demás. Esto también se aplica a la sociedad humana y a todo nuestro planeta, el hogar que nos mantiene. Como vemos que todo está conectado, esta comprensión nos anima a pensar y actuar positivamente. En el Tíbet, donde tradicionalmente se nos ha enseñado a respetar el entorno natural, intentamos evitar la contaminación del aire y el agua y relacionarnos con el mundo natural de la forma más positiva posible. Muchas veces hemos dependido de lagos y ríos para obtener agua potable. Por eso no arrojamos cosas sucias a ellos. Y no solo por eso: respetamos a los demás seres del agua para los que nuestra suciedad es tóxica. Otros animales también dependen del agua limpia. También evitamos contaminar la atmósfera quemando materiales nocivos, como la basura, por las mismas razones. A menudo, hacer menos es hacer más. Eso es sabio y, por tanto, positivo.

Conociendo la interconexión, sabemos que cuando no prestamos atención a las consecuencias de la contaminación, la mala gestión del suelo, la construcción descuidada e inadecuada, etc., se produce una retroalimentación negativa. Puede llegar tarde o temprano, pero llega. Al evitar esos errores, el mundo natural nos apoya automáticamente, proporcionándonos alimento y agua, materiales para refugiarnos y mucho más. Eso incluye belleza e inspiración. No se puede negar que nuestro planeta Tierra, cuando se encuentra en equilibrio natural, es una cosa de asombrosa belleza, complejidad y abundancia. Los seres humanos compartimos todo esto con todos los demás seres del mundo. Pero tendemos a separar las cosas por las fronteras que imaginamos que existen entre ellas: esto es África, aquello es Asia, América del Norte y del Sur, Australia, Europa... por no hablar de países y otras divisiones geográficas. «¡Esta es *mi* tierra!». Pero estas fronteras solo existen en las mentes humanas. En realidad, todo es una suma interconectada e interdependiente.

La visión de la interdependencia también mejorará enormemente el ámbito social humano. Comprender y adoptar este punto de vista nos motiva a interactuar con el segundo nivel de actitud abierta antes mencionado: el relacionamiento positivo con los demás. Si recibes una hermosa planta como regalo y quieres cuidarla para que su belleza siga iluminando tu hogar, tienes que ser consciente de las causas y condiciones que intervienen en ello. Si no le das a la planta la cantidad adecuada de agua, luz solar, tierra apropiada, etc., privarás a esa planta de las causas de la condición «planta hermosa y sana». Proporcionar estas causas requiere cierto conocimiento, planificación, trabajo y, sobre todo, una motivación positiva y entusiasta. También se necesita algo de amor.

Para las numerosas interacciones que se producen entre los seres humanos, la visión de la interdependencia no solo es útil, sino verdaderamente necesaria. Cuando esto se ignora, la gente tiende a limitarse a escuchar lo que surge en su mente, en las redes sociales o en la televisión. Es una actitud descuidada y desinformada. Ignora el contexto y es esencialmente egoísta. Cuando nos cerramos así, nos desconectamos de la naturaleza interdependiente de las cosas. Las posibilidades de un relacionamiento positivo y armonioso con los demás se reducen.

En cambio, cuando nos guiamos por la empatía —teniendo en cuenta las necesidades, deseos y sentimientos de los demás— formamos parte de los demás y ellos forman parte de nosotros. Así es como son las cosas realmente. Estamos conectados a la realidad. Si de vez en cuando te preguntas: «¿Cómo me sentiría yo si alguien me dijera esto o me hiciera aquello?», es probable que sepas cómo se sentiría la otra persona y cómo reaccionaría. Esto vale para las relaciones positivas, neutras y negativas entre personas o grupos de personas. Y es válido no solo para relacionarnos con los demás de manera que surja la felicidad, sino también cuando se trata de realizar nuestro trabajo, proyectos, etc. Para conseguir cosas, casi siempre necesitamos la cooperación de los demás. Las condiciones —felicidad y consecución— dependen de tales causas.

También nos beneficiamos de la práctica de la interdependencia al sentirnos conectados con los demás. Esto es especialmente importante en la vida moderna. La soledad y el aislamiento son grandes problemas en el mundo de hoy. Muchos factores han contribuido a ello a lo largo del tiempo, pero la revolución digital ha empeorado las cosas. Sí, podemos «comunicarnos» a través de nuestros dispositivos, pero ¿hasta qué punto es sana y satisfactoria esa comunicación? Nos acostumbramos a ella y la aceptamos —en muchos casos no tenemos elección—, pero ¿no nos estamos perdiendo algo muy importante para los seres humanos cuando nos vemos privados del contacto en persona?

Desarrollar la visión de la interdependencia es cuestión de abrir la mente a la idea y observar tu entorno interior y exterior. Observa cómo se interconectan las cosas dentro, fuera y entre ellas. Observa si «esto» y «aquello» están separados o son interdependientes.

CUARTA PARTE

EL VALOR DE UN CAMINO ESPIRITUAL

El camino espiritual suele consistir en explorar el lado no material de la vida. La idea siempre ha sido que hay algo más allá, subyacente o que impregna la existencia material, algo más sutil y poderoso. Cuando emprendemos un camino espiritual, empezamos a vislumbrar ese «algo».

Cuando hablo de camino espiritual, por supuesto me refiero al budismo. Procedo de la cultura budista del Tíbet y soy maestro de esa tradición espiritual. A lo largo de este libro he adaptado los puntos de vista y las prácticas budistas a los problemas prácticos de la vida moderna digitalmente sintonizada. Creo que encajan bien porque van al meollo de estos problemas, ofrecen una visión penetrante y, por tanto, soluciones que pueden ser extremadamente eficaces.

Esto se debe a que el budismo se preocupa mucho por la eliminación del sufrimiento y la creación de las condiciones para la felicidad. La primera enseñanza budista, impartida hace 2500 años, no trataba de cosmología o filosofía religiosa, sino de las causas del sufrimiento y su eliminación. Se podría decir que el budismo está especializado en esta búsqueda. Por eso creo que es una vía ideal para resolver muchos de los problemas comunes de la vida moderna. Además, en el budismo, la vida cotidiana y el camino espiritual se consideran interconectados.

Crear las condiciones para la felicidad requiere sabiduría. La sabiduría existe en diferentes niveles, que van desde el relativo o convencional, que es más tosco y poco refinado, hasta el nivel definitivo o absoluto, que es refinado y sutil. El budismo parte del supuesto de que cuanto más sutil sea la sabiduría, más eficaz será para conseguir los resultados que deseamos. Es decir, si se comprenden las razones subyacentes de la existencia de un problema, se está en mejores condiciones para resolverlo.

Lo mismo ocurre con nuestra forma de entender la vida —o la «realidad», como decimos a veces—. El camino budista puede llevarnos a una visión más perceptiva y refinada en comparación con nuestra forma habitual de ver las cosas. Puede llevarnos a desarrollar y abrir la mente-corazón hacia una conciencia de la conexión no-dual entre la realidad interna (espiritual) y la realidad externa (material). Descubrir esta unidad es uno de los objetivos más importantes de este camino. Es enormemente transformador, y cuando nos abrimos a esta conciencia, los pros y contras de nuestras actividades digitales se vuelven claros para nosotros.

Te invito a leer la cuarta parte de este libro con una mente abierta, no con el objetivo de convertirte en budista o seguir activamente cualquier camino espiritual, sino para explorar algunas de las preguntas más profundas de la vida, preguntas que puede que te hayas estado haciendo todo el tiempo.

9

SABIDURÍA

La *sabiduría* tiene un significado especial en las tradiciones espirituales y, en particular, en el budismo. Mientras que a menudo decimos que alguien culto —que conoce muchos hechos— es «sabio», en la práctica budista la sabiduría apunta a la comprensión y la experiencia directas de la vida interior y exterior, de nosotros mismos y de los fenómenos en general. Esta sabiduría no son datos ni la comprensión conceptual de los fenómenos. Está más allá del conocimiento ordinario que reconoce objetos en el mundo material y conceptos como el bien y el mal. Ya hemos tratado este tema en los capítulos siete y ocho, donde exploramos la naturaleza de la felicidad y el sufrimiento, y de la interdependencia.

El portal a través del cual se encuentra la sabiduría es la mente; no el cerebro ni la mente conceptual, sino la mente-corazón, la mente que conoce directamente. Todos hemos tenido momentos en los que la intuición nos ha revelado cosas directamente, y la intuición es un ejemplo o faceta de esta mente. Pero, ¿dónde se encuentra esta, que es experta?

Podemos empezar a encontrarla y conocerla a través de la investigación meditativa. Al hacerlo, empezamos a conocernos a nosotros mismos a un nivel muy profundo. Tarde o temprano harás descubrimientos sorprendentes, así que debes empezar por animarte a ser abierto y compasivo contigo mismo: «Vamos a profundizar y a conocer la naturaleza de mi propia mente», a la que a veces llamamos «mí mismo» o «yo».

Percatarse del «No-Ser» y del «No-Fenómeno»: Una meditación conceptual

Busca un momento en el que no te molesten y siéntate cómodamente. Permite que tu mente esté relajada y sin prisas. Dedica algo de tiempo a cada una de las ideas que se presentan a continuación. Aquí están algo condensadas, así que hay que desempacarlas y dejar que se asimilen.

Antes de comenzar esta meditación, es sumamente importante comprender que «no-ser» y «no-fenómeno» no significan que nuestro yo personal y el mundo exterior sean inexistentes. Significan más bien que los mundos interior y exterior existen, pero no de la forma que solemos suponer.

En cuanto a nosotros mismos, aunque podemos observar fácilmente que siempre estamos cambiando —nuestros estados de ánimo, nuestros pensamientos, nuestras emociones, etc.—, seguimos creyendo que detrás de todo esto hay un «yo» permanente e independiente, un yo que dirige el espectáculo o al menos lo intenta.

También solemos creer que el mundo exterior que observamos y con el que nos relacionamos está sólidamente establecido y consta de objetos independientes: «cosas». Por ejemplo, suponemos que objetos físicos como mesas y sillas de madera tienen una existencia independiente aunque podamos ver fácilmente que no son más que momentos en la historia de algunos árboles, todos ellos parte de un continuo dinámico de minerales, tierra, agua, luz solar, etc. Las cosas siempre están cambiando. Recordemos que ni siquiera la física, que siempre ha tratado de encontrar los componentes más pequeños y esenciales de la materia —a los que antes llamaban «átomos»—, ha sido capaz de encontrar nada sólido, fijo e independiente.[30] Esto es válido no solo para las mesas y las sillas, sino también para los materiales que componen nuestro cuerpo.

Para empezar a hacerte una idea de cómo se relaciona normalmente la mente con los objetos, fíjate en tu mano. ¿Qué ves? ¿Notas algo que la haga ser una mano? Bueno, tiene la forma de algo que nos han enseñado a llamar *mano*. Pero esa forma no se queda quieta, ¿verdad? Movemos las manos en actividades ordinarias como teclear, hacer clic, levantar un tenedor, y demás. Así que la forma cambia constantemente.

Ah, pero una mano se compone de cinco dedos, ¿no? Pero si es así, la mano con la que estamos tan familiarizados depende de esos cinco dedos para su identidad. También depende de la palma. También podría decirse que es *una combinación* de esos elementos, pero una combinación es un concepto bastante abstracto. No solemos pensar en nuestras manos como «combinaciones». Podemos aplicar la misma idea de interdependencia a los dedos o a la palma por separado. También ellos están formados por partes de las que dependen para su identidad. Podemos decir que cada dedo depende de sus articulaciones y así sucesivamente hasta el nivel celular: células de la piel, óseas, de las uñas, etc. Las células están formadas por otras sustancias compuestas de moléculas, que a su vez están compuestas de... ¿átomos? Pero, como hemos visto, un átomo es un concepto antiguo que la ciencia moderna ha sido incapaz de establecer realmente. Según la física moderna, los átomos tienen partes subatómicas cuyas propiedades no se ajustan a lo que normalmente entendemos como «materia». Así que se ha quitado de golpe la base material y sólida que sustentaba las cosas.

Pero seguimos llamándola «mano». Observando detenidamente este proceso de identificación, empezamos a ver que la

30 Esto ha sido cierto para la física moderna —la vanguardia de la ciencia— desde principios del siglo XX, cuando Max Planck y Albert Einstein introdujeron la física cuántica y la relatividad.

mano depende de nuestra mente, de cómo la concebimos (basándonos en muchos condicionamientos de la infancia: «¡Aleja la *mano* de esa estufa caliente!»). Volviendo a nuestros dedos, cuando nos pinchamos con una espina, el dedo nos duele, pero decimos: «*Me* duele el dedo». Pero ¿dónde está el «yo» en ese «*me*» que hace que el dedo sea «mío»? ¿Qué parte del cuerpo puede llamarse realmente «yo»? Después de todo, la gente pierde partes más grandes del cuerpo, como un brazo o una pierna, pero siguen estando sanos y salvos. Siguen teniendo el sentido del «yo», un ego. Se sigue creyendo en la propia identidad, aunque el cuerpo del que depende haya cambiado debido a una lesión.

Pero si hay un «yo», como siempre suponemos —si es alguna entidad o «cosa», algo real—, debe tener algunas características, ¿no? Para empezar, debe estar situado en algún lugar. ¿Qué cosa real no tiene ubicación? Ahora observa tu cuerpo cuidadosamente y fíjate si puedes encontrar el «yo» en alguna parte de él. ¿Dónde está el «yo»? Si está en tu cabeza, dime, ¿en qué parte de tu cabeza? Si está en el centro de tu pecho, ¿está en el centro superior o inferior? ¿Qué tamaño tiene? ¿Cuál es su color, su forma? Tómate tu tiempo y observa con atención. Puede que llegues a la conclusión: «Sí, hay algún "yo", pero no sé exactamente dónde está».

Entonces podemos dirigir nuestra investigación hacia nuestra mente. ¿Quién piensa en un «yo»? ¿Quién piensa que este soy yo y mi cuerpo? ¿Dónde se encuentra esa conciencia pensante? ¿De dónde procede? ¿Dónde reside? ¿Y adónde va (por ejemplo, cuando no piensas o cuando duermes sin sueños)? ¿*Soy* mi mente cuando está en un estado relajado y neutral o cuando está excitada y activa? ¿*Soy* yo mi mente? ¿Qué es mi mente? Tómate un tiempo para asimilar estas preguntas y sus implicaciones.

Se podría pensar que estas preguntas —sobre cosas que siempre hemos aceptado como verdaderas— tendrían respuestas fáciles y obvias. Si algo es cierto o real, cuanto más a menudo y con más cuidado lo busquemos, más evidente debería ser, ¿no? Pero a través de nuestra investigación puede que no descubramos respuestas fáciles u obvias. ¿No será que, por costumbre, nos limitamos a poner etiquetas y a creer que son algo real?

El objetivo del ejercicio

En algún momento te darás cuenta de que tu mente o «yo» está más allá de la explicación, más allá de las palabras, más allá de buscar y encontrar. De algún modo, es abierta y omnipresente. Sin embargo, toda esta energía omnipresente también está enfocada, es dinámica, inteligente y perspicaz. Quizá no importe realmente dónde está, cuándo empieza, dónde acaba o qué es. Cuando nos permitimos estar plenamente presentes con esta experiencia de la mente y su riqueza, nos aporta una perspectiva diferente: la inmensidad. En las enseñanzas del Buda histórico y de los grandes maestros de meditación que le sucedieron, se dice que la naturaleza de la mente es «vacía y clara», que «la mente está desprovista de mente» y que «ni siquiera los Budas han visto jamás la mente o el "yo"».

En el budismo, esta experiencia de la mente se denomina a veces «Camino del Medio». El término medio es un lugar entre los extremos de la cosificación (llamado «eternalismo») y la no-existencia (llamado «nihilismo»). Cuando cosificamos, proyectamos la creencia en la existencia absoluta sobre un ser o un fenómeno. Con la no-existencia, proyectamos la creencia en la nada sobre un ser o un fenómeno. La realidad se encuentra en el Camino del Medio entre estos dos extremos. Las cosas no tienen existencia absoluta ni son nada. En la experiencia directa de este término medio, te encuentras en un lugar que no es un lugar. Y en un tiempo que es atemporal. Es decir, eres libre.

Practicamos esta meditación para darnos cuenta del «no-ser» y del «no-fenómeno». Cuando empezamos a reconocer estas cualidades a través de la experiencia directa, la mente se libera y nos damos cuenta: «Vale, ahora puedo estar suelto y tranquilo. No tengo la necesidad de estar siempre aferrado al "yo" ni de apreciar este "yo"». El «yo» y todo lo demás existen en una zona que no puede describirse en términos de los extremos del eternalismo y el nihilismo —términos que utilizamos comúnmente en la existencia relativa, en nuestra vida normal y cotidiana—.[31]

Naturalmente, esta práctica nos ayuda a superar el aferramiento al ego, que se refiere a la forma en que desarrollamos el apego a nuestro propio ser, ego o mente, y a nuestro cuerpo. El aferramiento al ego condiciona nuestro pensamiento a creer que todo es verdadero y existente. Nos aferramos a la existencia verdadera del sufrimiento, la felicidad, la ira, el apego, etcétera. Estos son los hábitos que nos traen el sufrimiento relativo que experimentamos en la vida.

La mente de la sabiduría que experimentamos en este tipo de meditación tiene el potencial de ver la verdadera naturaleza de todas las cosas y de todos los seres del universo. La sabiduría y la mente se unen en una comprensión no-dual. La separación que normalmente hacemos entre el mundo interior (nuestro sentido subjetivo del ser, del «yo») y el mundo exterior de los objetos es una ilusión. Por el contrario, están íntimamente interconectados. También podemos descubrir que esta mente abierta —naturalmente relajada y suelta— es compasiva por naturaleza. A veces esto se llama nuestra «naturaleza despierta, innata». *Naturaleza de Buda*, *pureza primordial* y *esencia de la mente* son otros sinónimos utilizados en la tradición budista. La compasión y la bondad amorosa que se unen a esta experiencia surgen sin esfuerzo. No requiere ningún pensamiento por nuestra parte, como «debería ser generoso y ayudar a los demás tanto como pueda». Cuando estamos en la comprensión no-dual, beneficiamos a los seres de forma natural, simplemente descansando allí.

---

31 Por supuesto, no utilizamos exactamente estos términos, pero reflejan nuestras actitudes y creencias.

Ten en cuenta que este tipo de práctica de la sabiduría está más allá de los conceptos, por lo que las palabras que utilizo aquí no pueden describirla realmente. Al dedicarnos a prácticas conceptuales —como el *mindfulness* de permanecer concentrados y sin distracciones— no encontraremos necesariamente la facilidad, la paz o la inmensidad que pueden descubrirse cuando nos abrimos a nuestra propia mente de sabiduría innata.

La luna en el agua

He aquí otra forma de ver la sabiduría: todos hemos visto alguna vez la luna reflejada en el agua —por la noche, en la superficie de un plácido lago o en un charco mientras caminamos por un sendero después de una tarde lluviosa—. Si el agua está quieta, la luna reflejada no se ve diferente de la luna en el cielo. Parece «real». Sabemos que no hay luna en el charco, pero aun así podemos proyectar cierto sentido de realidad en la imagen, como solemos hacer cuando nos miramos la cara en un espejo: otro simple reflejo. «La luna en el agua» se utiliza en el budismo como analogía de la naturaleza de nuestro «yo» personal y de todos los fenómenos exteriores. Estos pueden aparecer con perfecta claridad y, sin embargo, con cierto análisis, parecen estar vacíos de existencia inherente —del eternalismo antes mencionado—. No existen «por sí solos». No hay ninguna entidad dentro o detrás de la imagen o la creencia. Surgen de forma interdependiente.

Otro buen ejemplo de esta interdependencia es el arco iris. Para ver un arco iris se necesita (1) humedad en el aire, (2) luz solar y (3) un observador humano que esté en la posición correcta para que la luz solar se refracte en el ojo a partir de la humedad. ¿Dónde está exactamente el arco iris? ¿Existe el arco iris *por sí mismo*? No, el arco iris depende de estos tres factores. Si falta uno, no se observa el arco iris. Este es otro ejemplo del término medio entre los extremos: al ver un arco iris, se nos hace creer que el arco iris existe por sí solo. Pero no es así, y tampoco es inexistente. Todos los demás fenómenos —incluida nuestra identidad personal, nuestro «yo»— existen de manera similar. Dependen de otros fenómenos. Todo es interdependiente, incluso nuestra comprensión de la interdependencia (que *depende* del análisis o de la percepción directa, la sabiduría).

Es importante entrenarse en esta comprensión para adquirir o estimular la sabiduría en nuestro interior y mantener las causas de la felicidad. Reconocer las conexiones interdependientes entre las cosas nos hace conscientes de las causas y condiciones de la felicidad y el sufrimiento. Entonces podemos actuar sabiamente, y la retroalimentación que recibimos de nuestras acciones será positiva. Es una cuestión de causa y efecto. Si sabemos tratar bien a los demás y lo hacemos, es probable que ellos nos correspondan del mismo modo. Y el mero hecho de mantener esa actitud también aportará una energía diferente a nuestra mente y nuestro cuerpo, a todo nuestro sentido del ser. Un entorno fuertemente influenciado por la sabiduría será un lugar extremadamente positivo en el que estar. También es donde se hacen evidentes las tentaciones en nuestra mente de *apps* adictivas y redes sociales. Por lo tanto, es muy importante entender qué significa la sabiduría y practicarla de esa manera (esta es una de las formas del karma, que exploraremos en el capítulo siguiente). Como todo está interconectado y es interdependiente, todo lo que hacemos o decimos importa más allá de nuestro rincón personal en la vida, más allá de nuestro ego. Así que pregúntate: «¿Cómo puedo mantener mi mente en vigilia y mi corazón en compasión y bondad amorosa para poder beneficiarme a mí mismo y a los demás tanto como sea posible en este universo interconectado?».

Las Seis Cualidades Valiosas revisadas

Recuerda el quinto capítulo sobre las Seis Cualidades Valiosas: generosidad, paciencia, diligencia, disciplina, concentración y sabiduría. Allí te sugerí que las practicaras como una de las formas de aflojar algunos de los condicionamientos que pueden mantenernos acelerados, estresados y desequilibrados en la vida diaria —especialmente cuando estamos muy influenciados e interactuando con el mundo digital actual—. Esa presentación se deriva de una enseñanza budista llamada «las Seis Perfecciones Trascendentes» (en sánscrito: *pāramitās*). Estas cualidades se denominan «trascendentes» cuando se practican sin referencia al agente, la acción o actividad y el destinatario. Estos tres —sujeto (agente), acción y objeto— se denominan en el budismo «las Tres Esferas».

Un ejemplo sería practicar la generosidad de una forma tan pura y espontánea que no pienses en ti mismo como el sujeto —el agente, el «dador» o la «persona generosa—. Tampoco pienses en la acción como un «acto de dar» —en el que algo se transfiere de una persona a otra—. Ni concibas al receptor como objeto de la generosidad. Aquí se es generoso de un modo que trasciende cualquier apego al yo, al otro o a la actividad. Esto puede parecer difícil de imaginar, pero todos hemos hecho algo así en nuestra vida. Puede que te hayas encontrado con alguien hambriento o desahuciado y simplemente hayas abierto el bolso o la cartera y le hayas dado algo a esa persona sin pensarlo ni dudarlo. Todos hemos ayudado a personas con dificultades de movilidad a cruzar la calle. Quizá hemos dado la vuelta a un escarabajo que luchaba por ponerse en pie. Nos damos cuenta al instante de esas situaciones de necesidad inmediata y ayudamos espontáneamente. Esto proviene de la compasión que nos es innata, aunque nuestro condicionamiento pueda mantenerla oculta gran parte del tiempo.

La misma falta de sujeto, objeto y acción hace que las otras cinco perfecciones sean trascendentes. Por eso se llaman «perfecciones» en primer lugar. Antes he demostrado que estas seis cualidades son en realidad un todo unificado. Lo mismo ocurre aquí. Pero la perfección central es la sabiduría. Si las otras cinco son como las ramas de un árbol, la sabiduría es el tronco que lo mantiene todo unido. Sin embargo, si las seis perfecciones —generosidad trascendente, paciencia, diligencia, disciplina, concentración y sabiduría— no se mantienen bien, el fruto no aparecerá. Las seis son cualidades naturales de la mente totalmente abierta, que mencionamos páginas atrás; la mente que está libre de la fijación del ego y demás. Por lo tanto, en lugar de tener que mantener conscientemente la plena participación de las seis cualidades en nuestras actividades, estas se unifican automáticamente, en un solo paquete. Surgen juntas sin esfuerzo.

Pero, ¿cómo acceder a cualidades tan puras y excepcionales? ¿Cómo podemos practicar para que la sabiduría no-dual descrita en este capítulo florezca en nuestra mente? Leer las descripciones puede inspirarnos, pero ¿cómo avanzar en la dirección correcta? ¿Qué podemos hacer? Puesto que cada uno de nosotros tiene una mente diferente, un trasfondo y un potencial diferente, la búsqueda de la sabiduría es sumamente individual. El budismo ofrece muchos vehículos de práctica que pueden lograrlo. Un enfoque puede ser adecuado para una persona, mientras que otro puede funcionar para otra. Sin embargo, creo que una forma de meditación no conceptual llamada *dzogchen* (que en tibetano significa «gran perfección», o *ati yoga* en sánscrito) es especialmente apropiada para el mundo moderno. Esta práctica funciona bien para las mentes rápidas que tenemos hoy en día y es capaz de abrirse paso a través de la masa de hábitos y conceptos complicados que impregnan la vida moderna. Te presentaré esta práctica en un capítulo posterior.

Resumen de la práctica conceptual sobre el no-Ser

Recuerda que el no-ser y el no-fenómeno no significan que el ser y los fenómenos sean inexistentes.

Si «yo» siempre estoy cambiando, ¿por qué creo en un «yo» único, unificado e independiente?

Si los objetos físicos cambian constantemente, ¿por qué creo que son entidades independientes o «cosas» reales?

¿De qué depende la identidad de un objeto común, como mi mano? Si depende de sus partes, y esas partes dependen de otras partes, ¿dónde está la verdadera base subyacente para identificar cualquier objeto?

¿En qué medida la identidad de un objeto depende de mi mente, de lo que *pienso* del objeto?

Si creo que un objeto es *mío* —una parte del cuerpo o una posesión—, ¿en qué parte del objeto está la prueba de que es mío?

¿Dónde se encuentra el «yo» ubicado? ¿Cuál es su forma, color, tamaño, etc.? ¿De dónde viene? ¿Dónde permanece? ¿A dónde va?

¿Dónde se encuentra ubicada la mente que *piensa* en el «yo»? ¿Cuál es su forma, color, tamaño, etc.? ¿De dónde viene? ¿Dónde se queda? ¿A dónde va?

¿Qué es la mente? ¿Soy «yo» mi mente?

Si no puedes encontrar respuestas satisfactorias a estas preguntas tan básicas y fundamentales sobre ti mismo y la existencia, ¿qué significa eso? ¿Y cómo te hace sentir?

10

PATRONES HABITUALES Y KARMA

Todos hemos oído hablar del karma. El término entró en el vocabulario popular moderno probablemente en la década de 1960, cuando surgió en Occidente un gran interés por la filosofía y la religión orientales. Hoy en día, *karma* suele utilizarse como sinónimo de destino, suerte o justicia. También puede referirse a acciones positivas y negativas, como en «Hacer esto genera buen karma» y «Hacer aquello genera mal karma». Pero en la cultura popular, la palabra no tiene un significado profundo.

En el budismo, sin embargo, el karma es una fuerza importante y activa en nuestra forma de entender y afrontar la vida. *Karma*, en sánscrito, significa «obra» o «acción». Las acciones a las que nos referimos aquí son las causas en el concepto de causa y efecto. Debido a que es tan fácil de advertir, causa y efecto es un concepto comprendido por todos. Lo vemos en acción siempre y en todas partes. Es un principio rector de la vida. Cuando queremos que algo suceda, trabajamos sobre las causas que creemos que harán que suceda.

En el budismo, las influencias verdaderamente kármicas comienzan a partir de la creación o acumulación de hábitos. Si decido que el efecto que quiero crear es disfrutar de vez en cuando de un juego en mi ordenador, la causa más obvia de ese efecto es adquirir el juego y hacer clic en él. Si empiezo a jugar al juego y me gusta, y, por tanto, vuelvo a él de vez en cuando, he llegado a una importante bifurcación en el camino: ¿mi participación en este juego digital se convertirá simplemente en un *patrón habitual* o se solidificará en una *propensión kármica*?

Hablamos mucho de los patrones habituales en la primera parte de este libro, donde se ven como un elemento importante del condicionamiento. Puesto que las actitudes y acciones condicionadas suelen estar muy arraigadas en nuestra mente, son un buen ejemplo del karma, en el sentido budista. Volviendo a nuestro ejemplo del videojuego, al principio podemos pensar: «Ah, mis deseos están bajo mi propio control. Puedo regular hasta qué punto me distrae este juego y limitar mi tiempo con él». Nos gusta pensar que tenemos el control de nuestras vidas.

Sin embargo, como sabemos, todas estas tentadoras aplicaciones digitales están ingeniosamente diseñadas para socavar ese control: para distraernos el mayor tiempo posible y hacer que volvamos una y otra vez. A menos que tu autocontrol sea realmente bueno, puedes encontrarte con que has pasado en la aplicación mucho más tiempo del que esperabas. Todos conocemos los peores casos, como el de las personas que se vuelven adictas a la pornografía o a las apuestas en línea. Son los paralelismos digitales del alcoholismo y la drogadicción.

La creación del karma

Bagchag, un concepto tibetano, significa algo con lo que interactúas una y otra vez. Eso se debe a que en algún momento empiezas a desarrollar una relación con ello que te atrae a volver una y otra vez. Hay algo en esa distracción que te resulta deseable. Con el tiempo, este patrón habitual se vuelve tan fuerte que se convierte en parte de ti, de tu identidad o personalidad.

Tomemos el ejemplo de marinar fruta o verdura. Preparamos una sabrosa salsa o adobo y sumergimos la verdura en él. Si la sacamos una hora después, puede que el sabor original de la verdura no haya cambiado mucho. Un día después, habrá cambiado más. Tras una semana de inmersión, el sabor ha cambiado por completo. Compara el sabor de un pepino fresco con el de un pepinillo. El pepino original se ha transformado en otra cosa, y lo llamamos de otra manera. Del mismo modo, nuestra mente puede adobarse con las distracciones del mundo digital. La distracción empieza inocentemente, diciéndote: «Cuando quieras que esté, estoy disponible». Luego, al volver una y otra vez, la atracción se hace más fuerte hasta que te cuesta resistirte a ella. La *app* digital se ha apoderado de una parte de tu mente.[32]

Llegar a este punto no significa que sea imposible reorientarse y cambiar esos patrones habituales. Todos hemos oído historias de personas que superaron fuertes adicciones al alcohol, las drogas, el juego, comportamientos abusivos, etcétera. Aquí es donde la omnipresencia de la impermanencia es realmente útil. Nada, ni siquiera el karma, es permanente. Pero cambiar estos patrones una vez que se han establecido requiere paciencia y disciplina —requiere esfuerzo—. Y necesitamos del *mindfulness* para redirigir, para volver a dar sabor a nuestra propia mente y cambiar su perspectiva hasta que vuelva a ser natural y libre. Así que hay que reconocer que quedarse con el hábito para siempre no es bueno y hay que utilizar esa comprensión para crear motivación y convicción —confianza en la liberación del patrón—.

Si no somos capaces de hacerlo, ya sea porque no reconocemos el problema o porque no tenemos la motivación para cambiarlo, se convierte en una propensión kármica. El patrón habitual ha desarrollado ahora subpatrones y muchas conexiones con fenómenos mentales personales, a menudo relacionados con nuestras emociones aflictivas. Estas son emociones dañinas como el odio, el deseo, la ignorancia, los celos y el orgullo, que examinamos anteriormente. Al condicionarnos a estas emociones aflictivas, entramos en el mundo del karma tal y como

32 Para una comprensión médica tibetana de cómo los procesos físicos y neurológicos pueden apoyar este tipo de condicionamiento, véase el anexo 1, «*Lung*».

lo entiende el budismo. Se han convertido en nuestros rasgos personales, nuestras huellas características. Nos convertimos en estas emociones, como se ejemplifica en descripciones como «Susana es una persona colérica», «Juan se pone celoso con facilidad» y «¡El jefe siempre es muy orgulloso y arrogante!».

Estas propensiones kármicas pueden distorsionar drásticamente nuestra visión de las personas y los fenómenos. Una persona habitualmente enfadada dirige fácilmente su ira hacia un grupo nacional, político o étnico. Es decir, la ira de una persona puede dirigirse contra gente que ni siquiera conoce. «Odio a la gente de ese país, ¡así que todos ellos son personas terribles!». Hay mucho de este tipo de pensamiento hoy en día —a menudo amplificado por las redes sociales— y lo ha habido a lo largo de la historia de la humanidad. En este punto, la mente-corazón se distorsiona, se encoge y se cierra.

El karma a largo plazo

He aquí un ejemplo de cómo se ha entendido tradicionalmente el karma en el Tíbet. En 1959, el Tíbet fue invadido por el ejército comunista chino. China alegó que el Tíbet siempre había formado parte de su territorio y que, por tanto, tenía el derecho y el deber de reafirmar su pleno control. Para los tibetanos y su gobierno fue una calamidad. Después, para entender cómo pudo ocurrir esta tragedia, muchos tibetanos reflexionaron naturalmente sobre el karma. Tras hacerlo, muchos llegaron a la conclusión de que la invasión fue una consecuencia kármica de que el Tíbet se hubiera aislado deliberadamente del resto del mundo. Al hacerlo, se razonó que el Tíbet había privado a la mayoría de la sociedad humana de los beneficios del budismo tibetano (otra «conclusión kármica» fue que la invasión era el resultado de la corrupción a largo plazo de los dirigentes religiosos y civiles del Tíbet).

De este ejemplo se desprende que el karma puede aplicarse no solo a los individuos, sino a grupos más amplios, como las naciones. También se podría considerar la actual crisis medioambiental como una consecuencia del karma negativo. No es difícil de entender: es otra extensión de la causa y el efecto ordinarios. Durante siglos, los seres humanos han contaminado y saqueado el medioambiente. A medida que la población ha ido creciendo, naturalmente este proceso se ha incrementado drásticamente para servir a las aparentes necesidades de tantos humanos. Nosotros, los humanos, por ignorancia —incluso ignorando las advertencias de nuestros propios científicos— nos hemos relacionado aflictivamente con nuestro planeta. Tanto si vemos la Tierra como un «ser» o simplemente un conjunto de procesos naturales, puede que ahora estemos recibiendo una especie de justicia kármica o desquite en forma de daños medioambientales que afectan a nuestra calidad de vida y quizá incluso a nuestra supervivencia como especie.

A un nivel más individual —más allá de los resultados que experimentamos en esta vida por nuestras acciones negativas y positivas—, el budismo considera que el karma se extiende a lo largo de muchas vidas. Una propensión kármica de una vida anterior se desencadena por alguna circunstancia en una nueva vida y, por tanto, se hace realidad. El karma por acciones en vidas pasadas —especialmente las acciones kármicas habituales— puede dar frutos en vidas futuras y no necesariamente en un orden estricto. Puede ser muy sutil y complejo. No se trata de que en la última vida una persona le diera una patada en la cabeza a otra y en esta vida la reencarnación de la persona que dio la patada sufra migrañas. Sin embargo, se cree comúnmente, por ejemplo, que si alguien vive una vida completamente tacaña y egoísta, esa persona experimentará pobreza y privaciones en una vida futura. Un cierto nivel de creencia en la reencarnación es útil en este caso.[33]

En mis ejemplos me he centrado en el karma negativo. En el lado opuesto, las actitudes y acciones positivas repetidas habitualmente crean karma positivo y resultados positivos en esta vida y en vidas futuras. En las enseñanzas del budismo tibetano se dice que uno no debe evitar involucrarse incluso en las acciones positivas más pequeñas y aparentemente insignificantes. Incluso estas tienen efectos kármicos sutiles. Aparentemente, las influencias kármicas son algo así como múltiples hilos o filamentos que se entretejen entre las vidas, tal vez como una serie de delicados y refinados tapices todos unidos como un único continuo. Se cree que una comprensión profunda de esto —que permite ver las influencias kármicas íntimas e incluso predecir los resultados kármicos— solo está al alcance de quienes poseen la más grande sabiduría. Es decir, solo los budas, *bodhisattvas*[34] y los maestros altamente realizados —aquellos que podrían considerarse «iluminados»— tienen acceso a este conocimiento.

Purificación del Karma

¿Cómo podemos evitar desarrollar propensiones kármicas? Si las tenemos, ¿cómo podemos descubrir cuáles son? Y cuando las descubrimos, ¿cómo podemos purificarlas? Si vemos los hábitos kármicos como distracciones —distracciones que nos sacan de la frescura y *mindfulness* del presente—, necesitamos comprender la naturaleza de las distracciones y la razón por la que estamos distraídos. Para ver esto, en lugar de seguir nuestras

33 Puede que la reencarnación no sea una idea tan descabellada como muchos creen. Hay datos científicos recientes que aportan pruebas confiables sobre la reencarnación. Véase el anexo 2.

34 Un bodhisattva es un ser altamente realizado dedicado por completo a beneficiar a todos los seres sintientes.

distracciones hacia formas habitualmente limitadas de pensar y sentir, necesitamos refrescar nuestras mentes cada día de la misma manera que cuidaríamos un jardín. Para nutrir las plantas, debemos añadirles agua fresca con frecuencia, asegurarnos de que reciben la luz solar y el abono adecuados, y vigilar y eliminar los insectos dañinos y las malas hierbas que podrían ahogarlas. Tenemos que estar atentos y tomar las medidas necesarias.

Si nuestra mente está fresca —consciente y presente— será difícil desarrollar propensiones kármicas y más fácil detectar las que ya hemos desarrollado. Pero los patrones kármicos bien desarrollados no son fáciles de cambiar aunque los veamos por lo que son. Tal vez hayas tenido la experiencia de vivir en un lugar durante mucho tiempo y acostumbrarte completamente a él. Luego, en una ocasión muy específica, viajaste y pasaste una noche en un hostal u hotel. Te levantaste en mitad de la noche para ir al baño, pero por un momento te sentiste completamente desorientado: la puerta debería estar a la izquierda, pero no está ahí, está a la derecha. Finalmente recordaste que no estabas en casa. Ese es el poder de lo familiar. Del mismo modo, nuestras personalidades se han revestido de hábitos kármicos, y los justificamos, pensando: «Esto es a lo que estoy acostumbrado, este es mi punto de vista, esto es lo que creo, esto es ahora un aspecto de mi vida», e incluso «esto es lo que soy».

Aun así, podemos cambiar el karma. Como todas las cosas, está vacío de existencia inherente y, por tanto, es impermanente. Su verdadera naturaleza es como la luna reflejada en el agua. Tiene apariencia, pero es insustancial. El problema es que hemos estado contemplando esa visión y creyendo que la luna es real una y otra vez durante mucho tiempo. Una forma de liberar estos patrones —de ver su verdadera naturaleza vacía— es a través de la meditación. Otro método aplicado por los budistas es la recitación de mantras de purificación, palabras que se cree que tienen poder para producir cambios. La oración es otro método (véase el anexo 2).

Sobre todo, una vez que hayas descubierto tu dilema, tienes que enfrentarte a ti mismo y hacer una fuerte aspiración al cambio, algo como lo siguiente: «Quiero limpiar mi karma, limpiar mis patrones. No quiero estar atrapado en estas distracciones y emociones aflictivas y crear y relacionarme con un karma que es malo para mí y para los demás. Por lo tanto, estoy dispuesto a despertar y trabajar en ello, a probar varios métodos, pero especialmente a mantener mi mente alerta, atenta y consciente para no relacionarme más con este patrón habitual». A continuación, aplica enérgicamente los antídotos que tengas a tu alcance, como los mencionados anteriormente. Hablar con un guía o maestro espiritual cualificado también puede ser útil.

11

BONDAD AMOROSA Y COMPASIÓN

El término *bodichita*[35] se refiere a las actividades y visión de la bondad amorosa y la compasión. En última instancia, es la expresión de la mente despierta e iluminada para la que estas dos cualidades son innatas. La bondad amorosa es la aspiración a que los seres sean felices. La compasión es el deseo de que se reduzca y elimine el sufrimiento de los seres. Todos los seres —humanos y no humanos— desean la felicidad y desean evitar el sufrimiento. Todos se esfuerzan por tener una vida cómoda y feliz. Nadie busca la infelicidad y el sufrimiento. Los Cuatro Pensamientos Inconmensurables, que hemos visto antes, son una de las expresiones más puras de la bodichita.

Recuerda que las dos primeras estrofas de los Cuatro Pensamientos Inconmensurables hablan de desear que los seres tengan felicidad y sus causas y que estén libres del sufrimiento y sus causas. En cada frase está primero la *aspiración* y luego las *acciones* que deben aplicarse para crear las causas de cada aspiración. Tener una vida feliz depende de nuestras acciones: cómo nos relacionamos con otros seres y con nuestro entorno y cómo nos comportamos. Eso trae resultados y retroalimentación. Una buena acción positiva trae un resultado positivo. Cuando buscamos la felicidad, primero tenemos que asegurarnos de que están

35 *Bodhichitta* significa en sánscrito «mente despierta».

sembradas las causas adecuadas. Esta interdependencia entre la felicidad y sus causas y el sufrimiento y sus causas es clara y fácil de entender.

Cuando se trata de reducir el sufrimiento en nuestra propia vida, puede que busquemos un antídoto, como hacer ajustes en el mundo exterior. Es comprensible que intentemos arreglar las cosas de la forma más perfecta posible para que todo vaya sobre ruedas. Si podemos controlar las cosas cuidadosamente, creemos que se pueden evitar los problemas y, por tanto, vivir felices. Sin embargo, eso puede funcionar por un tiempo, pero normalmente no por mucho. Una vez más, eso se debe a que el cambio está en todas partes. Si los fenómenos fueran estables e inmutables, tendría sentido intentar ordenarlos en nuestro beneficio. Pero los fenómenos cambian. No hay nada que no cambie. Si algo es estable ahora, tarde o temprano cambiará. Así son las cosas: impermanentes.

Hay una historia budista sobre unas sandalias de cuero (mencionada por Shantideva en su *Guía de la Forma de Vida del Bodhisattva*). Dado que es imposible cubrir el mundo externo con un suave cuero, es mejor llevar esa protección en los pies. Es decir, mirar hacia dentro, hacia la mente que experimenta la felicidad y el sufrimiento. Podemos proteger nuestro mundo interior —nuestra mente-corazón— con las suaves sandalias de la bodichita. Mirar hacia el interior de nuestra mente y entrenarla es lo más importante, lo más poderoso y lo más beneficioso. Cuando nuestra mente es estable y menos confusa, luego los fenómenos externos cambian y hay estabilidad interior y espaciosidad en las que podemos permanecer tranquilos. Esto es como un seguro, una protección. En última instancia, este refugio es la propia mente despierta.

Entrenar la mente

Paso 1: El buen corazón

Aunque el término no es tan común, no hay nada inusual en el entrenamiento mental. También se podría decir: «Voy a cambiar mi actitud». El entrenamiento mental es una práctica hermosa, muy eficaz y poderosa. No es una cuestión de fe o religión. Es sencillo, y los resultados llegan rápidamente, lo que da confianza. ¿Cómo nos entrenamos?

Empieza con un buen corazón. Entrena la mente para desarrollar una actitud bondadosa hacia ti mismo y hacia los demás. Eso no significa entrenarse para abrir el corazón solo hacia aquellos con los que ya se está cerca, con los que se está cómodo o hacia los que se tiene una actitud imparcial. Estos días hay mucho conflicto y animadversión entre las personas. Lo vemos expresado en diferencias e incluso odio entre naciones, grupos políticos y étnicos, y en las opiniones de la gente sobre temas importantes como el medioambiente. Esto ha creado una atmósfera de negatividad que ha envuelto los corazones de muchas personas en todo el mundo.

¿A qué se debe? ¿Por qué hay tantos conflictos? ¿Cuál es la fuente de todo este sufrimiento? La respuesta general obvia es que nosotros somos la fuente: ¡nosotros, los humanos! No podemos culpar a la historia, a la tradición o a la competencia. Pueden parecer causas, pero ¿cómo se originaron? Esos problemas surgen de actitudes y acciones humanas que salen de corazones humanos. Así que yo diría que la verdadera fuente de nuestro sufrimiento es que nuestros corazones no están totalmente abiertos. La gente no observa ni se relaciona de buen corazón. Si la gente pudiera abrirse así, acercándose a esto, entonces muchas de estas contradicciones y conflictos se reducirían.

Por lo tanto, necesitamos cambiar nuestra mente-corazón, y eso requiere entrenarnos para ser amables, buenos, respetuosos, inclusivos, colaboradores y abiertos a comprender a los demás. Si en nuestra vida diaria pudiéramos recordarnos con frecuencia estas cosas —tanto como sea necesario a lo largo del día—, estoy seguro de que se producirían cambios significativos en nuestros corazones y el beneficio exterior se vería claramente. No cabe duda.

El beneficio no solo redunda en los demás y en el mundo exterior. Cuando haces la aspiración «Estoy entrenando mi mente para tener un buen corazón», necesitas tener en mente el tipo de corazón que «no es bueno». Queremos evitar caer en sentimientos y actividades tan restringidos y negativos. Cuando tu mente permanece en un estado de bondad, esto es una sanación muy fuerte y poderosa para tu propio sufrimiento. No solo hacemos esto por los demás. Es una curación para nuestro propio corazón, que sufre tanto dolor emocional cuando somos cerrados de mente y de corazón. Formarse de esta manera nos aporta lo que todo el mundo desea: un corazón feliz y lleno de armonía. Para nosotros y para los demás, esta formación es una práctica beneficiosa para todos.

Paso 2: Entrenamiento en la bondad amorosa

Hemos creado la aspiración de tener un buen corazón. Ahora podemos dar un paso más utilizando la bondad amorosa para ayudar a generar esa bondad de un buen corazón. Comenzamos aplicando la bondad amorosa —el deseo de felicidad— hacia los que están cerca de nosotros. Meditamos y aplicamos esta actitud de amor hacia nosotros mismos, nuestra familia, nuestros amigos, nuestras mascotas... hacia todas las personas que sentimos cercanas. Pensamos en ellos positivamente y los tratamos bien, utilizando la empatía para comprender cómo podemos trabajar por su bienestar y felicidad. Esto es bastante fácil porque ya estamos predispuestos a su favor. Podríamos llamarlo una bondad amorosa con parcialidad. Es mejor que no tener amor, pero sigue siendo limitado.

Así que no podemos detenernos ahí. La verdadera bondad amorosa —la verdadera bodichita— es una apertura ilimitada e incondicionada de la mente-corazón. Es una cualidad inherente a la mente iluminada y plenamente despierta, una forma de felicidad suprema. Todos tenemos una mente así, aunque a menudo esté encubierta por prejuicios a los que nos hemos habituado. Deseamos que les ocurran cosas buenas a nuestros allegados, a las personas con las que estamos de acuerdo, etcétera. Y a menudo deseamos que les ocurran cosas negativas a aquellos que nos caen mal y con los que no estamos de acuerdo. Esta actitud mezquina no es la única que limita nuestras posibilidades de ser felices, las expectativas sesgadas también suelen llevarnos a la decepción: algún grupo que nos desagrada gana riqueza, poder e influencia; un político que odiamos gana las elecciones...

Para entrenarnos en la bondad amorosa, empezamos generando estos sentimientos positivos hacia nosotros mismos y hacia aquellos a los que nos sentimos cercanos, pero luego los extendemos. Primero, los extendemos a aquellos hacia los que tenemos sentimientos neutros. Luego extendemos esta positividad y calidez a aquellos que nos desagradan e incluso odiamos. Para quienes tienen un corazón verdaderamente bueno, esto no es difícil. Pero para la mayoría de nosotros, extender la positividad genuina de esta manera es un reto: debemos aplicarnos lenta y gradualmente.

Meditación para extender la bondad amorosa

He aquí un entrenamiento tradicional del budismo tibetano para extender la bondad amorosa a todos los seres. Es muy sencillo y tiene dos fases. La primera consiste en utilizar la imaginación para generar sentimientos de bondad amorosa. Basada en este cambio de corazón, la segunda fase consiste en relacionarse con personas y grupos «neutros» y «desagradables» de forma positiva y armoniosa. Al hacerlo, los Cuatro

Pensamientos Inconmensurables se fusionan con nuestra mente-corazón. En esta interacción ya contamos con un aliado que hemos visto antes. Las actividades de los Cuatro Pensamientos Inconmensurables se practican a través de las Seis Cualidades Valiosas (seis *pāramitās*) de generosidad, paciencia, disciplina, diligencia, concentración (*mindfulness*) y sabiduría. Ahora las aplicamos deliberadamente a las personas y grupos por los que tenemos sentimientos neutros y a los que nos desagradan.

Comienza esta meditación sentándote cómodamente y tranquilizándote siguiendo la respiración o por cualquier otro método que te resulte eficaz. Imagina a tres personas o tres grupos de personas sentadas frente a ti. A un lado hay alguien por quien sientes verdadero afecto, alguien que genera positividad en ti con solo pensar en él. Deja que esa positividad y ese cariño llenen tu corazón. Siente el calor de la bondad amorosa.

La segunda persona, sentada ante ti, es alguien que conoces o no y por quien no tienes sentimientos negativos ni positivos. ¿Cómo puedes generar bondad amorosa hacia una persona tan «neutra»? Para los tibetanos, que creen en la reencarnación continua a lo largo del tiempo, sin principio, todos los seres existentes han sido en algún momento su madre. Basándose en esto, extienden su bondad amorosa a esta antigua madre (o padre, hija, hijo, etc.). Pero para las personas que no creen en la reencarnación, la empatía puede ser muy poderosa.

¿Es esta persona «neutra» esencialmente diferente de ti? ¿No busca esta persona la felicidad y desea evitar el sufrimiento igual que tú? ¿No ha sufrido situaciones difíciles e infelicidad, así como felicidad y gozo, igual que tú? Para otras personas, ¿no eres tú —con todas tus cualidades y experiencias— una persona «neutra»? Si te haces estas preguntas una y otra vez, llegarás a la conclusión de que todos somos iguales en esencia y merecemos bondad amorosa. Y la bondad amorosa que sientes por tus seres queridos puede extenderse a las personas neutras.

La tercera persona que tienes delante es alguien que te desagrada intensamente. Aquí ampliamos la empatía que desarrollamos en la segunda etapa. Como todos los demás, esta persona merece bondad amorosa. Si crees que esta persona tiene muchas cualidades negativas, imagina cuánto sufrimiento pueden generar en su mente. Contempla también cómo el cambio podría hacer que esta persona fuera diferente, tal vez alguien que te resultara simpático (puede que tengas amigos en tu vida que antes eran tus enemigos, y viceversa). Extender la bondad amorosa a esta persona puede ser muy difícil al principio, pero poco a poco intenta abrir un poco tu corazón e imagina algo positivo sobre esta persona.

Como mencionaba en la historia anterior sobre mi madre y el soldado chino, el pueblo tibetano se enfrentó a muchas dificultades durante la Revolución Cultural. Pero muchos tibetanos, sobre todo los asiduos practicantes del budismo, llegaron a extremos para evitar cultivar actitudes negativas hacia los chinos. Para estos lamas, monjes, monjas y personas de vida doméstica su mayor temor no era su propio sufrimiento personal, sino el miedo a que pudieran perder su actitud de bodichita hacia los chinos; es decir, no mantener la bondad amorosa y la compasión que habían desarrollado hacia todos los seres.

Una vez que te sientas cómodo extendiendo la bondad amorosa a todas las personas y seres a través de esta meditación, empezarán a cambiar tus acciones en la vida diaria. Permítete encontrarte con algunas de esas personas por las que sientes algo negativo. Aprende a «romper el hielo» con ellas. Déjate guiar por la empatía.[36]

36 Las historias de vida de Mahatma Gandhi y Nelson Mandela aportan excelentes ejemplos sobre cómo estos grandes líderes fueron capaces de dejar a un lado el resentimiento y la negatividad y relacionarse positivamente con sus antiguos enemigos.

Paso 3: Entrenamiento en la compasión

Al igual que la bondad amorosa, la compasión tiene dos aspectos: la aspiración y la acción. La compasión también se basa en la empatía. A menudo vemos en las noticias la difícil situación de grupos e individuos que sufren la destrucción de sus hogares, catástrofes naturales, torturas, el atropello de sus derechos humanos por fuerzas más poderosas. Al presenciar estos desafortunados acontecimientos, imaginamos su sufrimiento como si fuera el nuestro. ¿Cómo nos sentiríamos si fuéramos víctimas de abusos, falta de vivienda, hambre y otros traumas?

A veces podemos pensar: «Mi familia y yo no sufrimos, mi sociedad no sufre. Mientras eso sea cierto, me parece bien». Eso puede ser cierto a nivel relativo durante un tiempo. Pero en realidad, si hay tanto sufrimiento en el mundo como hay hoy y probablemente ha habido siempre, todos compartimos ese sufrimiento. De un modo u otro, o en un momento u otro, nos veremos afectados. Podemos mostrarnos impasibles ante ello, pero en este mundo en constante cambio, ¿cuánto durará nuestra felicidad pasiva? Es algo en lo que podemos pensar.

Pero también podemos actuar movidos por nuestra compasión; dar un paso adelante para realizar una acción que marque la diferencia en la vida de los que sufren. En ese momento tenemos que decidir qué acción es la correcta para nosotros, qué resuena con la compasión que sentimos en nuestros corazones. Puede ser cualquier cosa, desde hacer una contribución monetaria hasta ofrecer voluntariamente nuestro servicio. En nuestra vida diaria podemos aplicar las Seis Cualidades Valiosas a todos nuestras interacciones con los demás. Cualesquiera que sean las acciones que emprendamos, si lo hacemos con sabiduría y de forma adecuada a la situación en cuestión, daremos alegría a los destinatarios de nuestras acciones y a nosotros mismos al ejercitar nuestro buen corazón.

Paso 4: Bodichita incondicionada

En el nivel supremo, podemos practicar la bodichita —bondad amorosa y compasión— de forma incondicional. Eso significa que nuestras actividades se llevan a cabo sin ninguna expectativa de retroalimentación. Ya hemos hablado de ello en la tercera parte. Cuando realizamos actos de servicio a los demás por la bondad de nuestro corazón —sin preocuparnos por recibir reconocimiento o agradecimiento—, eso afecta a la bodichita como mente despierta. Es la mente despierta la que se abre y ve la necesidad de la bondad amorosa y la compasión. Estas son cualidades de esa mente. Incluso podría decirse que esta mente despierta *es* bondad amorosa y compasión.

Podemos practicar cada uno de ellos —el buen corazón, la bondad amorosa y la compasión— de forma relativa o absoluta. En el nivel relativo, traemos ideas y actitudes positivas —pensamientos, en realidad— que estimulan nuestras opiniones y acciones. En el nivel absoluto, actuamos desde la mente despierta e incondicionada. Somos más directos y espontáneos. Esto está relacionado con las Tres Esferas mencionadas anteriormente: no hay separación entre el actor/agente, el receptor y la acción. La mente despierta no necesita hacer estas distinciones.

La bodichita incondicionada puede evolucionar a partir de la práctica de la bodichita relativa o condicionada. Empezando de forma relativa, puedes dedicarte a entrenar el buen corazón, la bondad amorosa y la compasión en pequeños pasos. Tal vez decidas empezar a entrenar durante unos días, y luego durante una semana, y después durante dos semanas o un mes, concentrándote en una de estas prácticas. Empezarás a sentir el beneficio de tu buen corazón, de tu bondad amorosa y de tu compasión por los demás y por ti mismo. Entonces, en algún momento, se producirá un cambio interior hacia una cualidad que disfruta y se regocija en lo que has estado practicando. Se vuelve puro y genuino. Hay un nuevo sabor. Sabes más y experimentas más. Ahora estás entrando en el último nivel de la bodichita.

Empieza por el nivel relativo porque sin empezar por ahí es muy difícil entrar en un estado verdaderamente despierto. No debes esperar que algo suceda en muy poco tiempo, como por arte de magia. Tienes que ser paciente y entrenar activamente tu mente para que se dé cuenta de sus cualidades despiertas absolutas. Darse cuenta de ello, alcanzar plenamente este estado de vigilia, requiere tiempo y persistencia. Al hacerlo, descubrirás la mente-corazón libre de toda limitación, más allá del condicionamiento, más allá de las expectativas.

Introducción a la meditación Dzogchen

Otra forma de llegar a la bodichita última es a través de las meditaciones no conceptuales del dzogchen. La conciencia no conceptual y la bodichita son, en esencia, lo mismo. No hay forma de describirlo. Hay que experimentarlo. En este nivel, la bondad amorosa y la compasión tienen una nueva dimensión que está más allá del anhelo conceptual por el bienestar de los seres sintientes que ejemplifica la bodichita relativa.

La *meditación no conceptual* es sinónimo de *dzogchen*. En tibetano, *dzog* significa «todo-omnipresente» o «completo». *Chen* significa «grande». Así que *dzogchen* significa la «gran completitud» y también se traduce como la «gran perfección».

La meditación no conceptual tiene lugar en el presente. En lugar de pensar en el pasado y futuro —viendo los documentales caseros que revolotean constantemente por nuestras mentes—, nos detenemos en el momento presente. No bloqueamos nuestros pensamientos y sentimientos. Dejamos que todos nuestros fenómenos mentales sean. Simplemente los dejamos ser. Eso significa que simplemente somos testigos de su ir y venir. Cuando hacemos eso, estos fenómenos —tarde o temprano— se detendrán en el presente claro y pacífico. Tenemos la experiencia de la naturaleza de nuestras mentes, una experiencia que está más allá de toda descripción.

Descansar en la meditación no conceptual no significa que nunca se produzcan pensamientos. Cuando se permite que los pensamientos y otros fenómenos mentales sean, sin que los modifiquemos, son manifestaciones puras de la energía de la presencia no conceptual. Descansamos en ecuanimidad sin apego y sin aversión a pensamientos buenos o malos, positivos o negativos. Estamos presentes a nuestros pensamientos y sentimientos, pero sin distraernos.

La meditación no conceptual es la mejor forma de superar la esperanza y el miedo, la tensión que sentimos al desear la felicidad y querer evitar el sufrimiento.

La práctica

Empieza por establecer la visión, es como una hoja de ruta. ¿Cuál es la motivación que vas a practicar y qué vas a hacer? Tu motivación puede ser traer paz y felicidad verdadera a tu vida. Puede ser para beneficiarte a ti mismo y a los demás, aclarando tu mente y experimentando la sabiduría. Sea lo que sea, establece tu motivación. La meditación en sí será descansar, dejar ser, en el momento presente.

Empieza por tu cuerpo. Es muy importante sentir la meditación a través del cuerpo físico. ¿Se siente el cuerpo abierto? ¿Hay buena energía y relajación?

Inhala… para sentir la bondad amorosa en tu cuerpo.

Exhala… para sentir los fenómenos con compasión.

Inhala… para sentir tu mente-corazón llena de gozo.

Exhala… para sentir ecuanimidad libre de parcialidad.

Continúa de esta manera hasta que tu cuerpo y mente se sientan bien con facilidad y presencia.

Ahora descansa en la naturaleza de la mente. La «naturaleza de la mente» es el estado no conceptual. Este estado es tan profundo que va más allá de las palabras y la explicación. Incluye paz, sutileza, facilidad, calidez de corazón, bondad amorosa y compasión; todo está presente en este estado no conceptual. No tienes que construirlos; vendrán de forma natural.

Empieza por estar presente en todos los fenómenos mentales —pensamientos y sentimientos— que surgen en tu consciencia. ¿Qué ocurre en este momento? Simplemente sé consciente de los fenómenos mentales y déjalos ser como son sin ninguna modificación. Cuanto más te sueltes en el momento presente, más claridad experimentará tu mente. No se trata de un estado cerrado, vacío e inactivo. Más bien, estás totalmente alerta en la consciencia presente.

A veces este estado se llama «consciencia de autoconocimiento». Sabes lo que está ocurriendo en el momento presente, en el estado no conceptual; conoces el estado de tu propia mente. La mente se conoce a sí misma. Eso es consciencia de autoconocimiento. Esta abre la puerta al desarrollo de la consciencia en la vida cotidiana.

Una vez que hayas encontrado un poco de equilibrio, puede que a veces te encuentres haciendo un esfuerzo para permanecer en el momento presente, para no distraerte. Mientras ese esfuerzo sea suave y sutil, no imprimirá el hábito en tu mente, así que no pasa nada.

Se necesita valor para practicar de esta manera: valor para no dejarse llevar por las tendencias habituales, los pensamientos habituales, los «viejos conocidos», las conversaciones familiares, los cotilleos... todo tipo de voces que puedas estar escuchando. Si eres valiente y paciente, tienes la posibilidad de experimentar la meditación como un espacio: relajado, espacioso, pacífico y cómodo. No hay garantía de que permanezcas en ese estado hasta el final de tu período de meditación, y es mejor no mantener una expectativa de un buen resultado. Eso no es un problema mientras estés despierto, tengas inspiración y estés consciente con la mente abierta. Mantente continuamente presente de esa manera. Cuando te distraigas, deja que las distracciones desaparezcan. Tarde o temprano, el estado no conceptual resurgirá.

Una vez terminada la sesión formal, puedes levantarte y beber un vaso de agua. Mientras bebes el agua puedes permanecer presente. Continúa experimentando la presencia del sabor del agua y la conexión entre el agua, el vaso y tú mismo. Mientras tu mente está presente y no se distrae en una situación común y cotidiana, todo puede experimentarse de forma diferente, fresca. Esta práctica puede aplicarse en cualquier situación, lo que la convierte en una forma de posmeditación. Tal vez, después de una meditación dzogchen formal, puedas acercarte suavemente a uno de tus dispositivos digitales. Observa si, al menos al principio, la experiencia es más abierta de lo normal.

A veces puedes pensar que estar en el presente es muy difícil. Pero mientras tengas inspiración y una motivación profunda para esta práctica, podrás ver que estar en el momento presente es más natural que estar distraído. No es algo nuevo que no hayamos tenido antes. La naturaleza de la mente —la forma natural de nuestra mente— es dejarse llevar y estar presente y autoconocerse. Todo lo que necesitamos —una vez que adquirimos cierta experiencia con esta práctica— es activarla y hacerla parte de nuestra experiencia de la vida cotidiana.

Hay que tener en cuenta que la meditación dzogchen es muy sutil para la mayoría de la gente y funciona mejor en contexto con una comprensión del budismo tibetano y la ayuda de un maestro cualificado. Afortunadamente para los occidentales, muchos mentores tibetanos de meditación se han establecido en todo el mundo.

12

ECOLOGÍA: INTERIOR Y EXTERIOR

Al fin, volvemos a la Tierra. Hemos navegado por el universo digital, escudriñado en nuestras almas e investigado cómo la mente-corazón está en el centro de todo. Ahora echaremos un vistazo a nuestro hogar, nuestro planeta. Es fácil ver que la Tierra tiene problemas. Y no es ningún misterio quién es el responsable. Como sabemos, el calentamiento global —el hecho científicamente demostrado de que la contaminación atmosférica provoca graves alteraciones de los patrones meteorológicos que, a su vez, provocan sequías, la subida del nivel del mar y un sinfín de otras calamidades—, junto con la contaminación, la extinción de especies, la sobrepoblación humana y otras degradaciones de nuestro planeta no pueden achacarse a insectos, animales, tormentas o volcanes. ¡La culpa es *nuestra*! Pero, ¿por qué? Los pájaros no ensucian sus nidos. ¿Por qué nosotros sí?

Este trato humano negativo de nuestro hogar viene ocurriendo desde hace mucho tiempo, podría decirse que desde que comenzó la Revolución Industrial en la segunda mitad del siglo XVIII. Siempre han ocurrido cosas similares a menor escala, y de manera local. En algunos lugares, la gente que vive cerca de los arroyos se ha limitado a tirar todos sus residuos —incluso coches y electrodomésticos viejos— directamente al agua. Los bosques se queman indiscriminadamente. La minería deja cicatrices en la tierra y residuos tóxicos en el suelo y el agua. Pero ha habido excepciones importantes. Las poblaciones indígenas de todo el mundo han respetado más el entorno natural. Eso incluye el Tíbet tradicional; una de las razones de ello deriva de las actitudes budistas.

Hay una famosa historia que ilustra este punto, escrita en el conocido libro de Heinrich Harrer —luego convertido en una popular película— *Siete años en el Tíbet*. Mientras residía en Lhasa, la capital del Tíbet, a finales de los años cuarenta y principios de los cincuenta, Peter Aufschnaiter, compañero de Harrer, fue contratado por el gobierno tibetano para diseñar y dirigir algunos proyectos de obras públicas. Esto requería excavar mucho en la tierra para levantar muros, puentes, etc. Para el ingeniero austriaco, el trabajo era penosamente lento porque cada vez que su equipo tibetano excavaba en la tierra, tenía que asegurarse de no matar gusanos o insectos. Eso exigía un meticuloso cribado de la tierra para salvar a los diminutos seres en peligro por la excavación. No se trataba de una política oficial. Los tibetanos creían de corazón que no tenían derecho a quitar la vida a otros seres.

Este respeto por la vida y el medioambiente forma parte de la cultura tibetana. Como he mencionado antes, no contaminamos los arroyos porque, si lo hacemos, no solo ensuciamos nuestras fuentes de agua, sino que también perjudicamos a otros seres que dependen de esos arroyos y lagos. Por razones similares, no arrojamos basura al suelo, no talamos bosques ni quemamos grandes cantidades de basura, ensuciando el aire. No es mi intención glorificar a los tibetanos y su cultura. De hecho, a pesar de la actitud de bodichita hacia los seres sintientes, la mayoría de los tibetanos son carnívoros (sería difícil obtener suficientes proteínas para sobrevivir en el duro clima del Tíbet si no lo hicieran así). Pero las raíces budistas de la cultura tibetana ilustran claramente el origen —la causa esencial— de que cuidemos el medioambiente en lugar de despreciarlo. Por desgracia, estas actitudes positivas se están desechando poco a poco debido a las distracciones provocadas por la tecnología digital y otros aspectos de la vida moderna que se filtran en el Tíbet.

Tenemos dos cuerpos

En términos sencillos, se podría decir que la actitud tibetana hacia el medioambiente se basa en la empatía. Es una expresión de la bodichita. Cuando uno se pone en el lugar de otros seres, queda claro que hay que incluir su entorno físico. Al igual que los humanos necesitamos aire limpio y no contaminado, agua, etc., para llevar una vida sana, todos los demás seres necesitan cualidades medioambientales similares para mantenerse.

Pero como se puede adivinar recordando la importancia que tienen en el budismo el karma y la reencarnación, esta empatía se extiende hasta el pasado lejano y hasta muy lejos en el futuro. Esencialmente, cada uno de nosotros y todos los demás seres hemos estado viviendo juntos e intercambiando lugares desde tiempos sin principio. Todos somos «familia». En algún momento, cada uno de nosotros ha sido un gusano, un insecto o cualquier otra criatura. Hemos sido padres y madres, hermanas y hermanos los unos de los otros. Cuando crees esto o estás abierto a su posibilidad, la compasión por todos los seres surge más fácilmente.

He hablado largo y tendido sobre el aspecto interior del ser humano —la mente-corazón— y nuestras relaciones con otros seres humanos. Esta analogía también es válida para la relación entre la humanidad y el entorno exterior de los seres no humanos y el mundo físico. Podríamos decir que tenemos dos cuerpos y que el mundo fenoménico exterior es nuestro cuerpo exterior. Dependemos de ese cuerpo exterior para nuestra felicidad y supervivencia, y ahora que estamos afectando al mundo exterior de forma tan dramática, depende de nosotros que lo tratemos con inteligencia y, sí, con amabilidad y empatía. Contaminar el medioambiente es como envenenar nuestro propio cuerpo con comida y agua en mal estado. Nunca lo haríamos voluntariamente, pero al destruir el entorno natural estamos haciendo exactamente eso. Por lo tanto, necesitamos desarrollar y practicar una ecología del entorno interior y exterior.

Contaminamos el medio natural porque hemos contaminado nuestras mentes con la ignorancia. Esta contaminación interior ha conducido a la exterior. En el budismo, la ignorancia es una de las principales emociones aflictivas. Ignoramos las relaciones de interdependencia entre nosotros y el medioambiente, y las interconexiones que hay entre todos los seres vivos y los aspectos físicos del medioambiente. Y a pesar de las dramáticas pruebas de sentido común, seguimos ignorando el calentamiento global.

Como nuestra creciente población humana ha invadido los hábitats de especies animales de las que antes estábamos aislados, la interacción ha creado muchas de las peores enfermedades que nos afectan. Es probable que el sida y el ébola se contagiaran a los humanos debido a la invasión humana de las poblaciones de monos en África. La gripe aviar se transmite por el contacto humano con aves enfermas. El SARS (síndrome respiratorio agudo grave), detectado por primera vez en China en 2002, se atribuye al contacto humano con civetas y murciélagos de cuevas. Ahora se cree que el virus de la COVID-19 se ha transmitido a partir de murciélagos utilizados como alimento humano en China. Podrían enumerarse muchos más ejemplos.[37]

Cuando los humanos se adentran en zonas que antes eran territorio exclusivo de animales más grandes —osos, tigres, lobos, pumas, etc.— se producen cada vez más encuentros peligrosos. En ocasiones, estos encuentros acaban con la vida de personas y

37 Según la Organización Mundial de la Salud, el número de enfermedades transmitidas de animales a humanos en África ha aumentado más del 60% en la última década. Véase WHO Africa. «In Africa, 63% Jump in Diseases...». Julio 14, 2022. www.afro.who.int/news/africa-63-jump-diseases-spread-animals-people-seen-last-decade.

animales salvajes. Los propietarios de viviendas suburbanas en el oeste de EE.UU. descubren gatos monteses y osos en sus patios traseros —lugares que antes eran hábitats salvajes—.

Esta invasión también conduce a la extinción de especies animales. Todo ello se debe a la falta de empatía y respeto, a una actitud mental. Y no solo se trata de una degradación del entorno natural, sino que la desaparición de tantas especies animales es una advertencia de que el ecosistema que sustenta toda la vida en la Tierra se está deshilachando peligrosamente. Es «el canario en la mina de carbón» —uno que se usaba para advertir a los mineros de las fugas de gas venenoso—. Debemos establecer límites adecuados entre nosotros y los animales salvajes para vivir con ellos armonía. Con no hacerles daño sería suficiente.

Podemos ver el entorno natural a través de las categorías de montañas, agua, aire y seres vivos. Debemos respetar que donde hay agua, hay peces. Donde hay montañas, hay vida salvaje. En el aire hay pájaros. Donde hay selva, hay una gran variedad de seres forestales. Estos seres vivos están especialmente adaptados a estos entornos. Si dejamos en paz estos entornos, no hay necesidad de hacer esfuerzos especiales para preservar la vida salvaje, como alimentarlos o ponerlos en cuarentena en zonas especiales. Tenemos que mirar las cosas desde su punto de vista, teniendo siempre presente que al hacerlo nosotros también nos beneficiaremos.

Purificar el entorno humano

Podría ser beneficioso considerar los problemas del entorno natural de la Tierra desde una perspectiva espiritual humana. Purificar nuestro entorno interior es la clave para tratar el entorno exterior con amor y respeto. Con este cambio de actitud podemos empezar a sanar de verdad la Tierra y la sociedad humana. Al fin y al cabo, ambos van de la mano. Una vez más, utilicemos la perspectiva del cuerpo, la palabra y la mente.

El cuerpo, la palabra y la mente son tres facetas de nuestro entorno interior. ¿Cómo las cuidamos para que produzcan armonía y felicidad? En el caso de nuestro cuerpo, es muy sencillo y práctico. Nos levantamos después de dormir bien, bebemos un vaso de agua, comemos alimentos sanos —sin olvidar frutas y verduras— y quizá tomamos algunas vitaminas. Durante el día hacemos algo de ejercicio. No debemos olvidar lo importante que es el movimiento físico para nuestro cuerpo como también puede serlo practicar la meditación. Somos conscientes de evitar las cosas que nos perjudican.

Nutrimos nuestro cuerpo como cuidaríamos un jardín. Al nutrir nuestro jardín interior respetándonos y ayudándonos a nosotros mismos, estamos ayudando a los demás: a nuestra familia, a nuestros amigos, a todas las personas con las que tenemos una conexión. Les hace felices saber que estamos bien. De nuevo encontramos aquí las conexiones positivas que proporciona el hecho de la interdependencia.

Nuestro discurso —cómo nos comunicamos con los demás— también es un entorno. Lo que decimos y cómo lo hacemos influye poderosamente en el entorno humano. Cuando cotilleamos o criticamos a los demás, podemos crearles infelicidad. Contaminamos el entorno humano y, tarde o temprano, nosotros también recibimos algún tipo de respuesta negativa. La infelicidad crea distracciones que pueden conducir a actitudes y acciones negativas. Mantener un entorno verbal sano requiere concentración (*mindfulness*) y empatía. Tenemos que darnos cuenta y considerar el efecto de nuestras palabras en los demás. No queremos relacionarnos con las causas del sufrimiento. Si no estás seguro de cómo algo que dices afectará a la gente —ya sea a unos pocos amigos o a una audiencia nacional— en ese momento puede ser más beneficioso permanecer en silencio. Cuando ese entrenamiento interior nos inspira a interactuar con la gente de forma más positiva y con mayor compasión y amabilidad, entramos en una nueva ecología del discurso del entorno.

Nuestra mente —la mente-corazón— es el factor más importante porque guía las acciones del cuerpo y la palabra. Dado que los humanos somos el centro de las dificultades medioambientales actuales, si seguimos como estamos, no podemos esperar grandes mejoras. Obsérvese que el gran volumen de comunicaciones digitales, por no mencionar gran parte de su contenido, puede actuar como distracción del problema fundamental de la degradación del entorno natural. Pero cuando la mente está de verdad motivada hacia actitudes altruistas, benéficas y positivas —cuando abrimos nuestros corazones a la sabiduría que sabe que vivimos en un mundo interdependiente— nos convertimos en seres que fomentan de forma natural un entorno natural sano. Si nuestras mentes alcanzan la visión perfecta de la conciencia impoluta con sus atributos de gran balance y actitud receptiva —nuestros corazones llenos de bondad amorosa y compasión— entonces nuestro entorno interior es tan rico, puro y vasto que no tiene fronteras. Esas mentes pueden sanar el entorno exterior.

Cuando nuestras mentes no son así —cuando están contaminadas de negatividad, miedos infundados, ansiedad, neurosis y otras desafortunadas tendencias habituales— nuestras vidas interiores serán limitadas y en gran medida desagradables. Este es el origen de las actitudes que niegan la interdependencia de toda la vida en la Tierra. Este es el origen de la contaminación interior que da lugar a la contaminación exterior.

Todos debemos preguntarnos: «¿No me gustaría vivir en un lugar libre de contaminación, donde el aire es fresco y refrescante, donde el cielo es azul puro y el océano y los arroyos destellantes y claros? ¿O prefiero el aire contaminado y el cielo lleno de humo, los arroyos malolientes y las playas cubiertas de petróleo?» Por supuesto que elegirías la primera opción. Del mismo modo, si pudiéramos elegir entre mentes sabias y claras o mentes contaminadas por la negatividad y la ignorancia, elegiríamos la primera. Buscamos la felicidad y sus causas y evitamos el sufrimiento y sus causas.

Poco a poco, trabajando en nosotros mismos y purificando nuestra mente de negatividad podemos contribuir tanto a nuestra propia felicidad como a sanar el medio ambiente. Lo interior y lo exterior nunca han estado separados. No hay divisiones reales entre ellos. Practicar la contemplación y la meditación puede darnos sabiduría, y eso influirá naturalmente en nuestra relación con el mundo de las montañas, los arroyos, los océanos, los bosques y la vida salvaje que allí habita. Creamos una armonía positiva entre nosotros y ese entorno exterior.

Estas palabras pueden parecer simplistas, idealistas. Pero las emergencias tienen una forma de obligarnos a ver lo esencial de una situación. Cuando tu casa se incendia, intentas apagar rápidamente el fuego con lo que tengas a mano y llamas a los bomberos. No entras en internet ni telefoneas a un «experto» para encontrar el mejor método de apagar un incendio. No te preocupas por la temperatura del agua o el color de la manta que utilizas para apagarlo. Y no cuestionas a los bomberos en cuanto a su religión, creencias políticas u origen étnico. Si permitimos que nuestra forma de pensar se nuble de forma similar al tratar de abordar la actual situación medioambiental mundial, las cosas no mejorarán.

Al calmar nuestra mente podemos ver claramente el origen de nuestros problemas internos y externos y empezar a trabajar en ellos en beneficio propio y de los demás, en beneficio de la humanidad y de la Tierra, el hogar que compartimos con todos los seres.

Epílogo

Mientras escribo este libro, la revolución digital no ha hecho más que empezar. Muchos de los que primero navegaron por la internet son ahora jubilados. Tras ellos, varias generaciones —sus hijos y nietos— han crecido utilizando plataformas y dispositivos digitales cada vez más rápidos y complejos. Sabemos que esto ha agilizado nuestras mentes, acelerado las interacciones humanas e incluso cambiado la forma en que nos comunicamos en persona. Lo que no conocemos con detalle son los efectos psicológicos y fisiológicos de este enorme reajuste humano. Estas innovaciones tecnológicas se están produciendo tan rápidamente que no hemos tenido tiempo de parar a preguntarnos: «¿Cuáles son las consecuencias?». Debido a la rápida corriente de innovación digital, los investigadores profesionales también se han visto presionados para encontrar respuestas siquiera provisionales a esta pregunta. El informe del Cirujano General de EE.UU. sobre los riesgos de las redes sociales —citado anteriormente— constituye una advertencia temprana a la que debemos prestar atención. Y ahora, con la entrada de la inteligencia artificial, no tenemos más certeza sobre nuestro futuro digital que los jugadores que tiran los dados.

Traiga lo que traiga el futuro, tenemos un elemento en el que podemos confiar: la mente. Esta se extiende y lo abarca todo. Cuando se libera de los grilletes de un condicionamiento restringido, tiene un potencial milagroso. Todas nuestras experiencias —buenas, malas, felices, dolorosas— son percibidas e influidas por nuestra mente. El mundo digital es una creación de la mente humana, y son nuestras mentes las que pueden llegar a comprenderlo, evaluarlo y aportar soluciones a sus problemas personales y sociales. Debemos recordar siempre que la mente es la clave; la mente es la base de todo.

Si queremos entender las comunicaciones digitales, nuestras mentes deben estar despiertas y en alerta sobre cómo estas funcionan y cómo fueron diseñadas. Si queremos aclarar nuestra relación con este mundo digital, debemos comprender nuestro propio funcionamiento interno: nuestros patrones habituales, tendencias emocionales, etcétera. Nuestra mente debe estar lúcida para ver todo esto con claridad. Para que nuestras mentes se vuelvan lúcidas se requiere planificación y esfuerzo, algo que espero que este libro haya proporcionado y fomentado.

Los puntos de vista y las soluciones que he aportado se basan en el poder de la consciencia de la mente. Esa es la fuente de la sabiduría. Y es la sabiduría la que nos traerá a todos la felicidad y hará de nuestro mundo el paraíso que debería ser y que, en cierto sentido, ya es. Por lo tanto, cultiva la sabiduría de todas las formas posibles. Al hacerlo, estableceremos una conexión genuina y armoniosa con el entorno de nuestro planeta y entre todos los seres vivos.

AGRADECIMIENTOS

Deseo dar las gracias a los editores de Shambhala Publications por su excelente trabajo y sus consejos, en particular a la editora Tasha Kimmet y a la editora del proyecto Breanna Locke. El presidente de Shambhala, Nikko Odiseos, me proporcionó apoyo y ánimo, por lo que le estoy agradecido. Un agradecimiento especial a Janice Baragwanath por sus hermosas ilustraciones. Varios amigos y socios de la Sangha de Pema Kilaya leyeron los primeros borradores del libro y ofrecieron comentarios útiles: Diane Ridgzin Berger, Jeanne Lepisto, Karen Carbone y Daniel Hodel. Jim Rosen aportó información importante sobre cuestiones de comercio digital y medios sociales. Brian Hodel compiló y editó el manuscrito.

Especiales gracias a Janice Baragwanath por su hermosa obra de arte, y a la Fundación Kilung, que financió su participación. ¡Mi agradecimiento va a todos ellos por ayudarnos a llevar a buen puerto este proyecto!

ANEXO 1: *LUNG*

Sorprendentemente, ni siquiera la ciencia médica —que ya ha registrado una larga lista de los efectos del estrés sobre la salud mental y física—, tiene una solución segura para aliviar el estrés. Por lo general, se recurre a medicamentos, terapias alternativas, consejo y préstamo de las tradiciones meditativas. Dado que nuestro conocimiento de lo que es el estrés y de cómo funciona es algo provisional, no tenemos una comprensión clara y precisa de cómo la rueda del hámster —la vida moderna— está conectada a nuestras mentes y cuerpos.

El lado positivo es que hemos empezado a incorporar enfoques procedentes principalmente de las sociedades asiáticas tradicionales, como el tai chi, la meditación y la teoría y el ejercicio del *prana* en el hatha yoga. La teoría china del chi, que desempeña un papel importante en la medicina tradicional china, es prometedora; su aplicación en los movimientos serenos del tai chi es claramente útil para aliviar el estrés, al igual que los movimientos y las prácticas respiratorias del hatha yoga. Aun así, estos sistemas solo nos ofrecen una visión vaga e incompleta de los mecanismos del estrés y su relación con la vida cotidiana moderna. Pero oculta durante milenios, en las montañas y altiplanos del Tíbet, evolucionó una forma de medicina que, en mi opinión, contiene la clave de esta comprensión tan necesaria.

En la medicina tibetana existe un concepto llamado *lung* (pronunciado como *loong* en inglés). Este término se refiere a una energía, a un tipo de persona, a tipos de actividades y, en el extremo, a una enfermedad; es una metáfora, que se traduce literalmente como «aire» o «viento». Está relacionado principalmente con lo que llamamos sistema nervioso, junto con el movimiento, la respiración y los sentidos. Las características generales de un *lung desequilibrado* —considerado una enfermedad— incluyen: cambios rápidos de humor; sensación de inestabilidad; insomnio; esfuerzo mental, verbal o físico excesivo; estrés y tensión; patrones irregulares de sueño o alimentación; ansiedad, ataques de pánico; y emociones de deseo y aferramiento (que a menudo resultan en frustración o miedo al rechazo y a la pérdida). Estas características se describen en libros de medicina tibetana (véase la bibliografía).

Los síntomas de este padecimiento pueden resultarte familiares. El *lung* excesivo es el nerviosismo que sentimos al tomar demasiado café. Son las mariposas en el estómago del pánico escénico. Es la euforia que sientes cuando algo que realmente quieres que ocurra, ocurre: tu equipo gana, tu propuesta de proyecto es aprobada, tu nueva *app* se hace viral, haces un importante descubrimiento científico, tu propuesta de matrimonio es aceptada... ¡*Sí*! Visto así, es un arma de doble filo: nos impulsa a actividades inspiradas cuando está equilibrado, pero nos abruma cuando está fuera de control. Un ejemplo de *lung* equilibrado es la forma en que los actores y músicos experimentados utilizan la energía de las mariposas —del miedo escénico— para mejorar y dar energía a sus actuaciones.

Pero estos son solo ejemplos aplicados al individuo. Hoy en día, el *lung* es mucho, mucho más que eso, impregna todo nuestro modo de vida moderno —sobre todo el *lung* desequilibrado—. Caracteriza nuestro entorno laboral, político y social. El concepto es relevante y muy útil actualmente porque el *lung* —como energía que recorre nuestro sistema nervioso— vincula todo lo que hacemos y experimentamos. Sin él no podríamos vivir. Cuando es excesivo o inadecuado, padecemos los sufrimientos típicos de la vida moderna.

LUNG Y DISTRACCIÓN

Desde el punto de vista tibetano, el *lung* es un requisito para la vida. Sin esta energía, uno está muerto. Pero para llevar una vida sana y psicológicamente confortable —una vida feliz—, este debe equilibrarse con otros factores. Es un poco como la diferencia entre un café de vez en cuando para animarte y consumo excesivo de cafeína. Si tienes un exceso de *lung* —como muchos de nosotros en el mundo moderno— somos especialmente propensos a las distracciones. Esto se debe a que este nos hace hipersensibles y, en su mayor parte, estamos atrapados en un bucle de retroalimentación entre él y la distracción. Estamos siempre ajetreados, tanto nuestro pensamiento como nuestro cuerpo. Hay incluso un dicho tibetano común que alude a esto: «Los pensamientos van montados sobre el viento (*lung*)».

El *lung* está asociado a una visión de la anatomía humana llamada «cuerpo sutil». Subyace a nuestras sensaciones, sentimientos y respuestas. El cuerpo sutil está formado por canales, vientos y esencias. La ciencia médica no puede detectarlos (todavía), pero existen pruebas testimoniales de su existencia. Si alguna vez has hecho acupuntura china, habrás visto gráficos de todos los canales a los que los acupuntores aplican sus agujas, masajes y otros tratamientos. Hay muchas pruebas científicas de que, utilizando estos diagramas, la acupuntura tiene efectos físicos. Y, sin embargo, los canales no aparecen a través de un examen anatómico o de la tecnología de la imagen.

En muchas situaciones, al estar unidas al *lung*, las distracciones se afianzan en nuestras vidas. Es difícil ignorar o dejar pasar las distracciones cuando están físicamente arraigadas en nuestro cuerpo. Se trata de un hecho de enorme importancia para comprenderlo todo, desde el estrés hasta los detalles de la psicología humana, los patrones habituales y la motivación. El *lung* puede reforzar nuestros hábitos y adicciones arraigados, lo que los hace muy difíciles de modificar o eliminar, y cuando es excesivo añade poder y energía a nuestras creencias, prejuicios y opiniones. También resulta difícil desarrollar y mantener las actitudes abiertas y receptivas necesarias para ver las cosas con calma y claridad. Estas requieren una flexibilidad mental libre de hábitos mentales y emocionales arraigados —hábitos apoyados por un *lung* desequilibrado—.

Nuestra vulnerabilidad al *lung* forma ya parte de nosotros hasta tal punto que, si nos apartamos un poco y nos observamos a nosotros mismos —nuestros pensamientos, emociones y actividades—, resulta evidente. Podemos verlo en nuestras reacciones ante los acontecimientos, especialmente cuando nos sorprendemos, irritamos, tenemos miedo o nos sentimos fuertemente atraídos por algo. Nos «dejamos llevar», una expresión común que alude al hecho de que, en algún nivel, sabemos que un poderoso viento de emoción está ejerciendo cierto control sobre nosotros. Por supuesto, podemos justificar estas reacciones diciendo cosas como: «Yo soy así. Creo, quiero, espero tal o cual cosa, y cuando no lo consigo, me enfado o me molesto. Es natural». Pero, ¿es tan natural? Estas reacciones pueden ser hábitos arraigados creados por la energía del *lung* unida a patrones mentales de distracción.

En cuanto al uso que hacemos de la tecnología digital, el *lung* es un ingrediente activo para que nos sintamos atraídos y habituados a nuestros programas y aplicaciones favoritos. Que yo sepa, los expertos en publicidad y aplicaciones que las diseñan nunca han oído hablar de este término tibetano. No necesitan saberlo porque ya dominan sus efectos. Su investigación sobre cómo formamos hábitos basados en necesidades emocionales no les obligó a buscar un conocimiento más profundo. Se dedican a crear hábitos de consumo, y no importa si lo llaman «desencadenantes emocionales» o «*lung*». Aunque saber cómo funciona este no les ayudaría a mejorar sus teorías y prácticas, podría ser de ayuda para las personas que quieren liberarse de la carga de las tendencias habituales arraigadas al control de cualquier parte de sus vidas, incluidas las relacionadas con la tecnología digital.

Los principales problemas producidos por la masificación de los medios digitales son el estrés relacionado con la salud —tanto físico como psicológico— y los costes emocionales derivados del aislamiento social. El resultado global es la proliferación de lo que los médicos tibetanos llamarían *lung*, como enfermedad —*lung* inestable—. Como se mencionó anteriormente, cuando se equilibra con otras características del cuerpo humano y la psique —como las características elementales tierra, agua y fuego—, este es una fuerza vital positiva, el jugo que necesitamos para estar vivos. Pero en nuestro entorno moderno —incluidos los países menos desarrollados— las distracciones han desequilibrado este elemento hasta el punto de que muchos de nosotros —quizá la mayoría— padecemos una enfermedad generalizada.

¿Cómo podemos curar esta enfermedad? En este libro he intentado proporcionar algunos ejercicios que nos ayudarán a salir de los patrones habituales que apoyan y son apoyados por un *lung* hiperactivo. También se puede consultar a un médico tibetano. Cada vez hay más en Occidente. Pueden ofrecer remedios a base de hierbas, sugerencias dietéticas y ejercicios de respiración y de otro tipo que pueden calmar y equilibrar el *lung* y reducir así el estrés. Un libro que puede ser informativo y útil es *The Tibetan Book of Healing*, del Dr. Lobsang Rapgay.

Anexo 2

BUDISMO: BREVE DESCRIPCIÓN

Una mente libre no es una guía de las creencias y prácticas del budismo. Sin embargo, muchas de las ideas de este libro proceden de él. Dado que algunos lectores pueden estar interesados en conocer la fuente de estas ideas, he aquí un breve y general esbozo del budismo.

Empezaré con un poco de historia. El budismo surgió en la India alrededor del año 500 a.e.c., como resultado de la iluminación y las enseñanzas de Buda Shakyamuni (también conocido como Gautama), un príncipe del clan Shakya del noreste de la India. Buda enseñó durante cuarenta y cinco años, y sus discípulos memorizaron sus numerosas enseñanzas, que fueron escritas tras su muerte. El budismo se convirtió en una religión importante en la India durante muchos siglos, y pronto se extendió al sudeste asiático. La principal tradición o escuela budista en esas regiones es la Theravada (en sánscrito, «enseñanza de los ancianos»), que se basa en estos relatos escritos (sutras) y hace hincapié en el objetivo de la iluminación para el practicante individual.

El budismo llegó al Tíbet desde la India a principios del siglo VII e.c., tras haberse extendido a China, Japón y Corea algunos siglos antes. No entraré en tecnicismos sobre el desarrollo del budismo tibetano más allá de decir que pertenece a la tradición Mahayana (en sánscrito, «Gran Vehículo»), que hace hincapié en la bodichita y aspira a la iluminación de todos los seres sintientes. El budismo tibetano también ha incorporado algunos elementos de la religión indígena tibetana bon.

Cosmología y Reencarnación

En el budismo, se cree que los seres iluminados —los budas— son capaces de ver la verdad directamente. Estos seres iluminados son la fuente de la cosmología budista. Han descrito el universo como cíclico: surge del vacío y se desarrolla hasta que se destruye en una conflagración. Entonces surge y se destruye de nuevo, y así una y otra vez.[38]

Para el budismo Mahayana, el tiempo no tiene principio ni fin. Los seres sintientes —los seres con mente— han existido de una forma u otra desde el principio de los tiempos. Nuestras mentes están en esencia perfectamente iluminadas —como la de un Buda—, pero esa conciencia impoluta está oscurecida por dos tipos de ignorancia: la ignorancia de la torpeza y la ignorancia imputada (es decir, no vemos con claridad; y vemos incorrectamente, proyectando falsas creencias). Nuestra conciencia forma parte de un continuo que va individualmente de vida en vida. La forma en la que renacemos viene determinada por el karma (véase el capítulo 11). Cuando nos hemos perfeccionado a través de la práctica del Dharma budista (enseñanzas), desarrollamos plenamente nuestra conciencia impoluta y no engañada —nuestro potencial— y estamos iluminados.

La reencarnación es un atributo natural de la cosmología budista. Esta cosmología no es materialista, sino que ve incluso el universo material como un reflejo de la mente. Por lo tanto, es la mente, y no la materia, el factor determinante de la realidad.[39]

---

38 Aquí, en términos generales, la cosmología budista es similar a la teoría del Big Bang de la física moderna.

39 Esto es exactamente lo contrario de la visión de la neurociencia moderna,

Los seres se reencarnan hasta que ven directamente la realidad de la mente —una mente iluminada—.

Si la reencarnación te parece una exageración de la imaginación, ten en cuenta que recientemente ha recibido una convincente afirmación científica. En 1997, Ian Stevenson, psiquiatra y director de estudios de personalidad del Centro de Ciencias de la Salud de la Universidad de Virginia, publicó *Where Reincarnation and Biology Intersect*. Este libro, escrito para el público laico, resume el estudio de Stevenson de más de 2600 casos notificados de recuerdos de vidas pasadas. Mediante un examen científico exhaustivo y sistemático de los detalles de estos recuerdos de vidas pasadas, Stevenson llegó a la conclusión de que, para muchos de ellos, la única explicación lógica era la reencarnación. El trabajo de Stevenson ha sido continuado en la Universidad de Virginia por Jim. B. Tucker, profesor de estudios de la personalidad en el Departamento de Psiquiatría y Estudios Neuroconductuales y autor de *Life Before Life: A Scientific Investigation of Children's Memories of Previous Lives* y *Return to Life: Extraordinary Cases of Children Who Remember Past Lives*.

Rituales, prácticas y bendiciones

La oración es una práctica budista importante. A través de la oración podemos ayudar a los demás y recibir bendiciones. Estas bendiciones —tal vez puedan considerarse una forma de energía— influyen activamente en técnicas budistas como la meditación. Las prácticas comunes al budismo tibetano incluyen mantras —frases repetidas que suelen contarse en un rosario (en tibetano: *mala*)—, oraciones devocionales y *sadhanas*, prácticas rituales dirigidas a deidades específicas. Aunque estas deidades

---

que identifica la mente con el cerebro electroquímico y considera los aspectos no materiales como meros subproductos del mismo «representaciones mentales».

se traducen a veces como «dioses», no forman un panteón de seres poderosos que controlan ciertos aspectos de la vida y el universo. En el budismo no hay un Dios, ni dioses en el sentido judeocristiano. Las deidades son en esencia seres iluminados, como los budas, que son fuente de sabiduría y bendiciones.

Otra fuente de bendiciones en el budismo tibetano son los linajes. Las principales escuelas del budismo tibetano veneran a sus maestros fundadores y les rezan pidiendo bendiciones, guía y sabiduría. Un ejemplo de ello son las oraciones al linaje de los Dalai Lamas de la escuela Gelukpa.

El rezo fundamental del budismo, que precede tanto a los rituales como a la práctica de la meditación, es el refugio. El practicante pide refugio verbalmente a Buda, al Dharma (las enseñanzas) y a la Sangha (los compañeros de estudio y/o los maestros). En el budismo tibetano, el refugio va seguido de la bodichita, que despierta la intención de practicar en beneficio de todos los seres. El refugio va seguido de la práctica (meditación, sadhana, ritual, recitación de mantras, etc.) y concluye dedicando el mérito de la práctica. El mérito es virtud o poder espiritual y beneficia a aquellos a quienes se dedica, además de sellar la práctica.

Profesores y Enseñanzas

La primera enseñanza impartida por el Buda histórico fueron las Cuatro Nobles Verdades. Brevemente, estas verdades son (1) la verdad del sufrimiento, (2) la verdad de que el sufrimiento tiene causas, (3) la verdad de que el sufrimiento puede eliminarse y (4) la verdad del camino (o método) que elimina el sufrimiento. El «mundo del sufrimiento» se denomina *samsara*, y es este mundo el que debe ser eliminado a través del camino que conduce a la completa liberación e iluminación (a veces llamado *nirvana*).

En el budismo, el estudio con un maestro experto se considera necesario para progresar en el Dharma; es decir, para comprender y llevar a cabo la práctica budista. Los principales maestros del budismo tibetano son los lamas; muchos de ellos son *tulkus*, considerados reencarnaciones de lamas anteriores. Los lamas son fuentes de bendiciones; se cree que cuanto mayor sea la devoción del estudiante, más poderosas serán las bendiciones que reciba. El lama es sobre todo responsable de enseñar el Dharma y responder a las preguntas de los estudiantes. En el budismo tibetano, el lama se considera el factor clave para progresar en el camino espiritual. Tradicionalmente, el monacato ha sido un elemento importante del budismo. Los monjes y monjas son a menudo enclaustrados en conventos y monasterios, desempeñando diversas funciones, desde la enseñanza hasta la dirección de la institución, pasando por el servicio a las necesidades de la comunidad laica.

Los textos tradicionales y los nuevos libros sobre budismo están ahora ampliamente disponibles en lenguas occidentales, especialmente en inglés. Tanto si se adquiere el conocimiento del budismo a través de un maestro como de los textos (suelen ser ambos), los pasos para absorber este conocimiento son escuchar (o leer), reflexionar y meditar. En el Tíbet, aunque hay muchos monjes, la mayoría de los budistas son practicantes laicos que forman parte de una casa de familia.

El budismo en el mundo moderno

Antes de mediados del siglo XX, los occidentales se interesaban poco por el budismo. Sin embargo, siempre hubo algunos que exploraron y practicaron el budismo, y el estilo más conocido para ellos era, en su mayor parte, la tradición Theravada. Mientras tanto, el budismo tibetano era prácticamente desconocido en Occidente, con la excepción de algunos escritores-aventureros (como Alexandra David-Néel, que también practicaba el budismo) y eruditos-practicantes (por ejemplo, W. Y. Evans-Wentz). La razón principal es que el Tíbet admitía pocos visitantes occidentales y, en general, se mantenía a sí mismo y a sus tradiciones budistas cerrados al resto del mundo.

Todo cambió en 1959, cuando China invadió el Tíbet y obligó a muchos tibetanos a exiliarse. Más de cien mil tibetanos se establecieron en su mayoría en la India, pero también en países occidentales. El más famoso fue el decimocuarto Dalai Lama, que estableció una gran comunidad de exiliados en el norte de la India. El Dalai Lama se interesó por Occidente y acabó enseñando budismo tibetano por todo el mundo. Recibió el Premio Nobel de la Paz en 1989, lo que le convirtió en una figura de gran notoriedad y contribuyó a la difusión del budismo tibetano en el mundo occidental.

Como complemento, en la década de 1960 en Occidente había muchos jóvenes descontentos con el materialismo de las sociedades occidentales, y algunos de ellos se sintieron atraídos por las tradiciones espirituales orientales. Desde entonces, el budismo tibetano lo practican varios millones de personas en lugares que van desde Europa y Norteamérica hasta Australia y Latinoamérica. En estos países se han establecido «comunidades» espirituales (*sanghas*) de las cuatro principales tradiciones budistas tibetanas, se han traducido textos clásicos a lenguas occidentales, se han construido centros de retiro y práctica, y maestros de budismo tibetano —algunos de ellos occidentales— viajan por el mundo difundiendo el Dharma budista tibetano.

GLOSARIO

aferramiento al ego: nuestro apego e identificación con nuestro propio ego o yo o mente.

bodichita: en sánscrito, «mente despierta». La visión y las actividades de la bondad amorosa y la compasión.

bondad amorosa: la aspiración a que los seres tengan felicidad.

Buda: puede referirse a cualquier ser iluminado, pero generalmente cuando hablamos de «el Buda» es en referencia a Buda Shakyamuni, también conocido como Gautama, que vivió en lo que hoy son India y Nepal en los siglos v y vi a.e.c.; también se le llama «el Buda histórico».

Camino del Medio: una visión budista de las cosas que no son ni realmente reales (llamado «eternalismo») ni inexistentes (llamado «nihilismo»).

Cinco Venenos: agresión (y odio, ira), deseo (atracción, ansia), ignorancia (torpeza), celos y orgullo. El budismo considera que estas cinco son las principales emociones perturbadoras de los seres sintientes. También se denominan «emociones aflictivas» (en sánscrito: *kleshas*).

compasión: el deseo de que se reduzca o elimine el sufrimiento de los seres.

condicionamiento: resultado de una actividad repetida que es la base de tendencias habituales, a menudo comparadas con respuestas automáticas.

consciencia: cualidad de la mente que advierte o detecta fenómenos. En un sentido más amplio, la conciencia es una cualidad ilimitada, imparcial y espaciosa de gran importancia espiritual.

Cuatro Aplicaciones (o Fundamentos) del ***Mindfulness***: en pali, su lengua original: *Satipatthana Sutta*. Una de las enseñanzas originales del Buda Shakyamuni histórico. Dirige el *mindfulness* hacia el cuerpo, los sentimientos, la mente y los fenómenos.

Cuatro Pensamientos Inconmensurables: una práctica de entrenamiento mental del budismo tibetano que lleva el deseo de que todos los seres tengan felicidad y sus causas, estén libres del sufrimiento y sus causas, tengan felicidad suprema y moren en ecuanimidad ilimitada.

cuerpo, palabra y mente: una concepción budista de tres aspectos o constituyentes de nuestro entorno personal.

Dalai Lama: el jefe de la escuela Gelukpa del budismo tibetano. Durante muchos siglos, los Dalai Lamas fueron los líderes temporales y espirituales del Tíbet. El actual Dalai Lama, Tenzin Gyatso, es el decimocuarto en el linaje de los Dalai Lamas.

dzogchen: en tibetano, «gran perfección» o «gran culminación»; en sánscrito: *ati yoga*. Forma budista tibetana de meditación no conceptual.

ecuanimidad: aquí se define como una experiencia espaciosa, ilimitada, abierta, libre de atracción (ansia) y aversión.

esperanza y miedo: un sesgo mental/emocional común que crea distracción y tensión; una característica central del condicionamiento social.

fenómenos: objetos de la mente. Los percibidos por los sentidos también son reconocidos por la mente.

FOMO: miedo a perderse algo. Un término habitual en el vocabulario de académicos y diseñadores de aplicaciones digitales.

impermanencia: un concepto budista clave basado en cómo las cosas cambian constantemente.

interdependencia: término clave relacionado con la vacuidad. Puesto que todas las cosas dependen de otras, ninguna es independiente. Más bien, todas las cosas están interconectadas y, por lo tanto, son interdependientes. Por lo tanto, todas las cosas están vacías de existencia inherente. Un sinónimo de interdependencia es *surgimiento dependiente*, es decir, las cosas surgen en dependencia de otras cosas.

karma: «obra» o «acción» en sánscrito. Visión budista de la causa y el efecto (presente también en otras religiones indias, como el hinduismo).

lama: en tibetano significa «pesado» y se aplica a los maestros realizados. Estos maestros son responsables de guiar a los practicantes, enseñar el Dharma (enseñanzas budistas) y responder a las preguntas de los estudiantes.

***lung*:** en tibetano significa «viento» o «aire». Sánscrito: *prana*. Básicamente, energías que circulan por el cuerpo.

Mahayana: «Gran Vehículo» en sánscrito. Tradición del budismo que aspira a la iluminación de todos los seres.

meditación analítica: contemplación intelectual basada en el pensamiento. También llamada *meditación conceptual*.

mente: término colectivo que se refiere básicamente al surgimiento y la experiencia de pensamientos y emociones.

mente-corazón: la mente sabia, que conoce directamente, intuitivamente; conciencia abierta.

***mindfulness*:** en sentido general, atención centrada en la mente o en otros objetos.

no-fenómeno: la ausencia de una entidad permanente e independiente en los fenómenos.

no-ser: la no existencia de un «yo» o persona permanente e independiente en los seres sintientes.

posmeditación: meditación «fuera del cojín», es decir, en situaciones de la vida cotidiana.

realidad virtual: cosas que existen potencialmente, aproximadamente, «en efecto, aunque no de hecho». La realidad de los efectos de una pantalla de ordenador, un holograma, unas gafas de realidad virtual, etc.

rinpoche: «el precioso» en tibetano; suele aplicarse a los lamas.

sabiduría: la sabiduría mundana se refiere a la información en sentido intelectual. La sabiduría superior o trascendental implica conocer directamente, tal vez intuitivamente.

Sangha: comunidades espirituales budistas. La «Noble Sangha» se refiere a la comunidad de maestros realizados.

Seis Perfecciones Trascendentes: sánscrito: *pāramitās*. Son: generosidad, paciencia, diligencia, disciplina, concentración y sabiduría.

seres sintientes: seres con mente.

TDAH: Trastorno por déficit de atención con hiperactividad.

Theravada: «Enseñanza de los Ancianos». La más antigua de las escuelas budistas aún existentes. Se centra principalmente en el sudeste asiático. Hace hincapié en la liberación del practicante individual.

***tonglen*:** «dar y recibir». Práctica budista tibetana que consiste en tomar sobre sí el sufrimiento y las causas del sufrimiento de los demás y darles tu felicidad y las causas de la felicidad.

trabajo profundo: trabajo realizado con un mínimo de distracciones del exterior. Idealmente, esto ofrece un entorno en el que puede florecer la creatividad.

Tres esferas: sujeto (agente), acción, objeto.

vacío: básicamente se refiere a cómo las cosas —objetos, tanto mentales como físicos— no tienen existencia inherente concreta. Existen en el sentido de que aparecen, pero cuando se busca su esencia, no se encuentra.

SUGERENCIAS DE LECTURAS COMPLEMENTARIAS

Primera parte
Bajo el hechizo de la distracción

Eyal, Nir. (2014). *Hooked: How to Build Habit-Forming Products.* Nueva York: Random House.

Packard, Vance. (2007). *The Hidden Persuaders.* Reedición. Nueva York: Ig Publishing. Publicado originalmente en 1957.

Segunda parte
Aprender a respirar con facilidad

Hanh, Thich Nhat. (1999). *The Miracle of Mindfulness: A Manual on Meditation*. Boston: Beacon Press. Publicado originalmente en 1975.

Kabat-Zinn, Jon. (2016). *Mindfulness for begginers: Reclaiming the Present Moment and Your Life.* Louisville, CO: Sounds True.

Khyentse, Dilgo. (2007). *The Heart of Compassion: The Thirty-Seven Verses on the Practice of a Bodhisattva*. Boulder, CO: Shambhala.

Tercera parte
Ir más profundo

Rahula, Walpola. (1974). *What the Buddha Taught*. Rev. ed. Nueva York: Grove Press, 1974.

Ricard, Matthieu, y Trinh Xuan Thuan. (2001). *The Quantum and the Lotus: A Journey to the Frontiers Where Science and Buddhism Meet*. New York: Three Rivers Press.

Cuarta parte: El valor de un camino espiritual

Huxley, Aldous. (1944). *The Perennial Philosophy*. Nueva York: Harper and Row.

Nanamoli, Bhikkhu. (1992). *The Life of the Buddha*. Seattle: BPS Pariyatti Editions.

Schmidt, Marcia Binder. (2002). *Dzogchen Primer: An Anthology of Writings by Masters of the Great Perfection*. Boston: Shambhala.

Anexo 1 · *Lung*

Dhonden, Yeshi. (2000). *Healing from the Source: The Science and Lore of Tibetan Medicine*. Traducido por B. Alan Wallace. Boston: Snow Lion.

Rapgay, Lobsang. (2005). *The Tibetan Book of Healing*. Twin Lakes, WI: Lotus Press.

Anexo 2 · Budismo: breve descripción

Dalai Lama. (1995). *The World of Tibetan Buddhism: An Overview of Its Philosophy and Practice*. Boston: Wisdom Publications.

ÍNDICE

SEGUNDA PARTE

APRENDER A RESPIRAR CON FACILIDAD

TERCERA PARTE
IR MÁS PROFUNDO

CUARTA PARTE
EL VALOR DE UN CAMINO ESPIRITUAL

Una mente libre
de Dza Kilung Rinpoche,
compuesto con tipos Montserrat
en créditos y portadillas,
y DGP en el resto de las tripas,
bajo el cuidado de Daniel Vera,
se terminó de imprimir
el 14 de octubre de 2024,
un día que no existió en 1582
en España, Italia, Polonia ni Portugal
debido a la instalación del calendario gregoriano.

LAUS DEO